中身を変えずに“**最高に大切に扱われる女**”になるスゴイ方法

▼

# フツウの私を120分で品格《オーラ》のある女性にして下さい!

森下あさみ

WAVE出版

# プロローグ

なんで、いつも私は誰からも選んでもらえないんだろう。

恋愛でも就職でも、自分が「これだ！」と思った人や会社から選ばれたためしがない。

ガサツなお笑いキャラだから、雑に扱われるのは仕方ないのかな。

職場ではいじられて、女友だちとはグチばかり。

もちろん婚活しても空振り続き。

もっと可愛くて明るい性格だったら、全然違う人生だったの？

顔が可愛いだけで、みんなからチヤホヤされるなんてずるい！

こんな毎日もう嫌だ！　私だって大切に扱われたい！　変わりたい！

そんなモンモンとしていた私の前に、やたら上品できれいな、でもちょっぴり厳しい元CAの〝あさみ先生〟が現れた！

え⁉　あさみ先生も、昔はガサツなネガティブ女子だったの？

どうやって品格あるオーラを身につけたのか、教えて、あさみ先生！

登場人物

ガン子

35歳のハケンOL。ガサツで常にお笑いキャラとして扱われ続けた結果、仕事でも恋愛でも自信を失い、唯一の趣味は「節約」に。友だちが全員結婚してしまい、絶賛婚活中だが連戦連敗。内心では、キラキラ女子に憧れるも「どうせ私には無理」とネガティブモード。「キレイな人は性格が悪い」と思い込むことで、溜飲を下げている。

元CAのマナー講師。東京・恵比寿と銀座で、キャンセル待ち続出の人気講座『120分でCAのような女性になれるマナー講座』を開講中。自分自身もガサツなネガティブ女子だった経験を生かし、口調はやわらかくていねいながら、ビシビシ本質を突く指導で、ガサツ女子を続々と品格ある女性へと生まれ変わらせている。

あさみ先生

まずい、まずい
まずい、まずい
まずいわ!!
私はガン子
35歳独身
私は今モーレツに
焦っていた
今回はご縁が
なかったと言うことに
させてください
ガン子さんに今後
いいご縁が
ありますように
ピロリン
先月、友人のA子が結婚した。
これで独身は私だけ……
おめでとー

焦った私は、手当たり次第
結婚相談所、マッチングアプリ
街コン、婚活パーティに参加。
今までの人生で一番頑張って
男性との出会いを求めた……
マッチングアプリ
だが全てうまくいっておらず、
今またお断りのメッセージが
来たところだ……
ああああ
ガン子ちゃん
顔色悪いよ
大丈夫？
こんな私に会社で唯一
優しくしてくれるタカシ先輩！
仕事できるし、イケメンだし
タカシ先輩
ガン子ちゃんのこと
好きなんですかぁ？

出た!! 会社のアイドル もえ子!!
うふ
もえ子ちゃーん
いや…
みんなの前で なんてこと 聞くのよ!!
もえ子ちゃーん そんな訳ないよ、君みたいなかわいい子ならともかく
カチンッッ
がさつなガン子だぜ!
ガン子! こないだの飲み会のお盆芸最高だったよ!
今、それ言う?
はっ
全身タイツ
ガン子 100%
はっはっはっは

まさか本当にするとはな！
はは……
なめんなよ！あれぐらい余裕
絶対彼女にはしたくねーな！
ぎゃっはは
彼女にするならもえ子ちゃんみたいな清楚系だなぁ
うん
うん
なに私使ってアピってんの？キモいんだよ!!
やだー
先輩ったら
ばれた？
はっはっは
ってか仕事しろ！
はぁー
なんかしんどいなー
とぼ
とぼ

私も、もえ子みたいに
かわいく生まれてれば
男性にチヤホヤ
されてたのかなぁー
いいなぁー
人生で一度もチヤホヤ
されたことないわ
カチッ
大切にされる女
YoHAo! JAPAN
120分でCAのような
品性を身につける
ピタッ
ん?
120分で?
うさん臭っ!

はぁー
がさつなガン子だぜ！
CAのような品性……
ガバッ
元CAのマナー講師
森下あさみ……
なになに
ふーん
ほー
行って
みようかな……
セミナー当日
思わず勢いで
来てしまったけど……
大丈夫かな……

みなさん こんにちは
パアアァ
こ、この人が
森下あさみ先生
こんな品のある人になりたいけど
私はムリムリムリムリ
ムリムリムリムリ
ニヤッ…
では、講義をはじめる前に、なぜみなさんがこのセミナーに参加されたのか少し考えてみてください
なんでだろ………
私は………

絶対彼女に
したくないな
がさつで会社では
お笑いキャラ扱いで
雑に扱われて
女性らしくなりたくて
料理教室に行ったり
本をたくさん読んだり
パワースポットに行ったり
トントントントン
トントントントン
フム
フム
愛される女…
幸せを 見つける
パワーを感じる…
女磨きを頑張っていたのに
それなのに
こないだもまた
フラれたし
会社での扱いは
相変わらずだし
なんか、かわいい子の
引き立て役みたいに
なるし、あんなに
頑張ったのに
もわあぁぁ
あの子だいぶ
悶々としてるわね
みなさんは自分を
変えたいと思って
参加されたのでは
ないですか？
その気持ちは
とてもよくわかります

あさみ先生みたいなキレイでがさつとは縁遠い人にわかる訳ないじゃない
私は昔、自分を変えたいと思い悩むかなりのこじらせ女子でした
うそ!! あさみ先生が！こじらせてた！
男性と付き合えば浮気され、流行のお店に行けば変な席にまわされ……
がさつキャラが定着してしまいみんなから雑な扱いを受けていたわ
昔のあさみ先生
誰よ！あの女
どーんっ
何？…この席…柱が真ん前に
ポンッ
あさみポカリ買ってこいよ
あてっ
ひど…

あさみ先生が
私と同じだった……
ガタッ
あさみ先生
どうすれば!!
そうね、
まずは……
見た目を
変えるの！
ズコーッ
いきなり外見!?
整形!?
結局見た目!?
私には一生無理
だから内面を
磨こうと頑張って
きたのに！
ちょっと失礼
へ?
そういうこと
じゃないわ
きゅっ

ほら姿勢がきれいになったでしょ
スラ…
さっきの猫背より見た目がずっといいわ
内面を変えるのは簡単なことじゃないわ だって30年以上かかって今のあなたが出来上がってるのよ
むくむくぅ
まずは形からでいい
ボワッ
私がCA時代に培ったしぐさや話し方ヘアやメイク、マナーをお前に120分で伝授してやろう

は！
幻覚!?
見た目が変われば
周りの反応も変わり
自信もつく
そうすれば内面も
変わってくるの
大切に扱われる
女性になるわ
大切に……
はい！ 笑って!!
ビシッ
さぁ！ はじめるわよ！
まずは最高の笑顔を
つくってみて！

CONTENS

第5章
# 「選ばれる女性」になるには、その汚いデニムをスカートに穿き替えなさい
～大切にされる女性はこんな服を買っています～

# はじめに

皆さん、はじめまして。元ＣＡ（客室乗務員）のマナー講師、森下あさみと申します。

本書は、私が東京・恵比寿と銀座で開講している『１２０分で誰でもＣＡのような品のある女性になれる講座』の内容を、自分ひとりでも実践しやすくアレンジしたものです。


ＣＡのように品格あるオーラを身につけるための立ち居振る舞いやヘアメイク、話し方、テーブルマナー、人に好かれるコミュニケーション術などをご紹介しています。


受講してくださった生徒さんからは、こんな声が寄せられています。

「人をねたまず、優しくできるようになりました！」

「彼にガサツだと言われていたのに、急に女性扱いされるようになり結婚することになりました！」

「諦めかけていましたが、初めて彼氏ができました！」

「会社で『美人だね！　顔が素敵だね！』と今まで褒められたことがなかったのに、毎日のように褒められるようになりました！」

皆さんにお見せできないのが残念ですが、120分の講座を受講する前と後では、生徒さんたちの表情やオーラは大きく変わります。みるみる明るい顔になり、オーラが輝き出してくるのを、毎回目の当たりにしてきました。

「たった120分でCAみたいな女性になれる？　まさか！」と、うさん臭く思う方もいらっしゃるかもしれません。CAという職業に就く女性は、「生まれながらにしてお嬢様で上品。しかも美人で頭も良い人が、訓練を受けてさらに輝く」というイメージがあるせいでしょう。

でも、本当にそうでしょうか？

ごく普通の家庭の出身でも、およそ美人とは言えない容姿でも、ガサツで上品さに欠けていても、学校の成績がいまひとつでも、CAには必ずなれます。さらに、「CAみたいな女性」なら、120分あればあっという間になることができるのです。

私自身が、それを証明しています。

私がＣＡになろうと決心したのは高校２年生のときです。その頃の私は、ショートカットで男の子っぽく、足でドアの開け閉めを行うのが当たり前のガサツぶりでした。滑舌も悪く、「グフフ」というおかしな笑い方で、友達には〝アホキャラ〟扱いされる始末。お勉強もとにかく苦手で、やりたいこともなかったので、大学進学する気など一切ありませんでした。

そんな状態ですから、自分に自信が持てるはずもなく、食事に行く場所も遊びに行く先も、すべて友だちやお付き合いしていた方に頼りきりでした。自分の意見を口にすることができないのですから、友だちからイジられるのは当然として、恋愛でも浮気されたり、連絡がこなくなっていつの間にかフラれたりの繰り返し。雑に扱われることが当たり前になり、「どうせ私なんて」とネガティブに考えて落ち込んでばかり。「人に合わせるのではなく、自分らしく、自信をもって生きたい。もっと大切に扱われるには、どうしたらいいのだろう？」と、日々考えていたのです。

そんなとき、私の運命を変える出会いが訪れます。当時、最高視聴率34・２％を記録した人気ドラマ『やまとなでしこ』でCAを演じた松嶋菜々子さんの姿に、「世の中にはこんなに素敵な女性がいるんだ！」と衝撃を受けたのです。それ以来、「私も松嶋さんのような女性になれば、もっと自信がつくし、絶対にもっと大切に扱われるはず！」と思うようになりました。

ただし、それは頭の中だけの話で、劣等生の自分にCAが務まるとは夢にも思わず、漠然と日々は過ぎていきました。

一歩踏み出すきっかけとなったのは、母の乳がんが発覚したことです。私はかなり反抗期がひどく、両親の言うことに一切耳を貸さない、家に帰らない、という状態で、とにかく両親には迷惑をかけどおしでした。

「母への恩返しとして、母にとって恥ずかしくない子どもになろう」

そう思ったときに、かつて母から聞いた「CAになるのが夢だった」という言葉が、私の背中を押してくれました。

しかし、それからが地獄の苦しみの始まりでした。

初めて自ら勉強に励み、どうにか短大に滑り込んだものの、田んぼだらけの田舎町で育った私にとって、ＣＡという職業は雲の上の存在でした。もともと成績も悪く、品もなかった私は、なんと１００回以上、ＣＡ受験に落とされることになったのです。ネガティブ思考の私は、「自分には価値がないからだ」「自分には能力がない」と、自分を責め続け、ストレスで髪の毛がすべて抜けてなくなってしまいました。21歳にして、カツラをつけなければ外出できなくなってしまったのです。

残りの人生、ずっとこの状態だったら……と思うと絶望的な気持ちになり、死のうかなぁと思ったこともあります。

病院へ行くと、「原因はストレス。思考のクセを変えなければ一生繰り返す」と言われました。では、逆に言えば、思考のクセを変えれば、元どおりになるのではないか。まずは試してみよう！

そう思って常に自己啓発の本を持ち歩き、「どうせ私なんて……」とネガティブ思考が浮かんだらすぐ本を開き、ポジティブに考えるよう、5年近い長い時間をかけて訓練をしていきました。

また、ＣＡ受験は独学では突破できないと悟り、ＣＡ受験スクールに通い始めました。そこでは、ＣＡが身につけるべき立ち方から歩き方、お辞儀の仕方、座り方、メイク法、笑顔の作り方、話し方まで、私が知りたかったことをすべてご指導いただきました。

すると、まだＣＡになっていないにもかかわらず、どんどん自分や受験仲間がＣＡのような女性に近づいていき、メンタルもポジティブになっていくではありませんか！

もちろん、美しい立ち居振る舞いやマナー、人を思いやるマインド、美容への高い意識などは、実際にＣＡになってから多くを学びましたが、

「ＣＡにならなくても、ＣＡのような女性になることってできるんだ！」

「しかも、メンタルを変えるのは時間がかかったけれど、見た目や立ち居振る舞いを変えるだけなら、すぐ結果が出せる！」

「いつか、この経験を私と同じように自分に自信がない女性に伝えたい」

と、スクールでの学びを通じて気づくことができたのです。

本書が一般のマナー本と違うのは、「中身（メンタル）」を変えるのではなく、まずは「見た目」や「立ち居振る舞い」を変えて、最短距離でＣＡのような品格を身につけ、結果を出す方法を紹介しているところです。

美しい女性になるには、美しいマインドは絶対に外せません。しかし、ポジティブに考え、女友達をねたんだりせず、誰にでも思いやり深く接することが、ちょっと心がけただけですぐ実践できたら、こんなに苦労していませんよね。

いくら自分に「人をねたむのはやめよう」と言い聞かせても、婚活パーティーで全敗したり、上司から叱られたりしたら、あっという間にネガティブに逆戻りしてしまいます。メンタルを完全に変えるのは、揺り戻しがあるからこそ難しいのです。

でも、見た目や立ち居振る舞いには揺り戻しがありません。メンタルが揺らいでも、自分さえ意識すれば、一度身につけたものはそう簡単にゼロにはならないからです。

まずは、形から入ることで周りから褒められるようになり、「女性として大切に扱ってもらえている！」と感じるところから始めましょう。すると、心にゆとりが生まれ、自ずと人に優しくできるようになってきます。本当の美しさは内面からうつしだされるのですが、まずは外見からしっかりと自信をつけていただきたいと思います。

この本の主人公は、ガサツで自分に自信が持てず、仕事も恋愛も上手くいかなかった「ガン子ちゃん」です。そんな彼女が、私の講座を受けて女性らしい見た目や上品な立ち居振る舞いを身につけ、「ＣＡのように品格があり、大切に扱われる女性」へと成長していくストーリー仕立てとなっています。
ガン子ちゃんのモデルは、かつての私です。もしかしたら、皆さんとも少し似ているところがあるかもしれません。

「自分が変われば、未来が変わる」

この言葉を信じて、本書で紹介している美しい姿勢や笑顔、メイク法、話し方などを、真似しやすいものからぜひ実践してみてください。私も、ガン子ちゃんも、「自分と未来」を変えることができたのですから、皆さんにも必ずできます。

森下あさみ

編集協力……伊藤彩子
デザイン……加藤愛子（オフィスキントン）
イラスト……サトウヨーコ
DTP……NOAH
編集……佐藤友香（WAVE 出版）

第1章

# ガン子さん、つべこべ言わずに笑ってごらんなさい

~美しくなる！　人生が変わる！　立ち居振る舞い~

# 「私なんて、どうせ変われない」と思っていませんか？

はー、あさみ先生の講座を受けてみたけど、やっぱり私には無理だったみたい。私みたいなガサツな女がＣＡみたいなメイクとかしたって、いい笑いものになるだけだし、他の生徒さんに比べて笑顔も全然うまく作れないし。

あ、マズい！　あさみ先生と目が合っちゃった。こっちに来るよーどうしよう……。

「ガン子さん、あなたはどうしてこの講座を受けたのかしら」

「そ、それは、上品な女性になって仕事や恋愛で大切に扱われる女性になりたいからです」

「では、なんで私の言うことを聞いてくださらないの？」
コ、コワい。でも、メイクとか笑顔とか覚えたって私なんてタカが知れてるし。
「すみません。でも、どうせ私が先生みたいなステキ女子をマネしたって、『ガン子、お前ごときがそんなことしても、男なんてできないぞー』って会社でイジられるだけだし」

## 最初はマネするだけでいい

ふぅーとあさみ先生が大きなため息をつく。あきれてる……。だって、整形でもしない限り、本当にキレイになんてなれないんだから、仕方ないじゃない。

「ガン子さん、どうせ私なんて変われない、仕方ないって思ってるでしょ」

はいはい、そうですよ。どうせ、このネガティブなところがいけないって言われるんでしょ。お母さんにもいつも「そんなこと悲しくなるから言わないで」って憐れまれてるし。

**「あなたのそういうネガティブな性格、変える必要はまったくないわ」**

「は!?　変えなくて、いい？」

「性格を変えるのって、めちゃくちゃ難しいし、時間がかかるの。実は私もガン子さんどころじゃないスーパーネガティブだった性格を変えるのに、5年くらいかかったわ」

「そんなに!!」

「**だから、最初は私の〝マネ〟だけしてご覧なさい。**それなら簡単でしょ？見た目をマネして変えるだけで、あっけなく『キレイになったね』とか、『この案件、君にぜひ任せたい』って言われるようになるから、やってみて」

えー、確かに性格改造に5年かけるよりはラクそうだけど……。

「はい、さっそく今から補習を始めるわよ」

「いやいや、明日も仕事あるんで、今日はもう帰って寝たいんですけど」

「ガン子さん、言い訳はおやめなさい。変わりたいなら、今このときから始めるわよ！」

# 頭を空っぽにして見た目をマネするだけ！

「キレイになりたい」「上品に見られたい」「大切に扱われたい」と思ったら、どうするか。答えは至ってシンプルです。キレイで上品で大切に扱われている人のマネをすればいいのです。

ややこしい理屈はいっさいなし。何も考えず、とにかく見た目や口調をマネる。まずは、それだけでいいのです。

キレイで上品で大切に扱われている女性はたくさんいますが、どうせマネるなら老若男女、全方位に好感度の高いＣＡが鉄板です。

誰もがエレガントだと感じる「見た目」には〝眉が見える斜め前髪〟〝スッと伸びた美姿勢〟といった法則があり、それらをすべてクリアしているのが「究極のサービス業」であるＣＡなのです。

「私は眉下ぱっつん前髪が好きだから」「私なんてハイヒールを履いても女らしくなれるはずがない」というあなたの好みや都合は、この際バッサリ捨ててくださいね♥

## 「3大ブス用語」をやめるだけで品格が薫り出す

皆さん、ガン子さんの話しぶりで、気づいたことはありませんか？　そう、〝でも〟〝どうせ〟〝だって〟のオンパレードなんです。

私はこれを「3大ブス用語」と名付け、生徒さんにも「使用厳禁」を言い渡しています。人の品性というのは、自分のことを大切にでき、同時に他者も思いやれるところから生まれます。見た目も言葉遣いも、相手を不快な思いにさせない思いやりが上品さの源泉です。

ガン子さんのようなネガティブ女子は、自分が変われない言い訳をするのにせいいっぱいで、相手を否定してしまっていることに無自覚です。さらに、地雷を踏まないよう相手が思いっきり気を遣っていることにも気づいていませんから、残念ながら上品さとは対極にいるんです。だから、細かいところまで気が回らない＝ガサツといわれてしまうんですね。

繰り返しになりますが、性格をすぐ変えることはできません。だったら、「3大ブス用語を口にしない」という「形《かた》」から入りましょう。思い浮かんでも、頭の中にとどめておくのが重要。代わりの言葉が見つからず、多少会話が途切れても気にしないでOK。品格を地に叩き落とすヒドイ用語を口にするよりよっぽどまし！　これが上品な女性への最短ルートです。

**お笑いキャラの私が、美人のマネしても笑われるだけじゃないですか？**

**笑われることもあるかもしれません。でも、そんなこと言ってくる人は放置！あなたの人生から自然にいなくなりますから**

「まあ、笑われることもあるでしょう」
結論から申し上げますと、こういう答えになりますね。
ガン子さん、「やっぱり！　だから、キレイになるとか無理だから！」と思ったのではないですか？　でもそれ、早トチリです。「笑われること〝も〟」と、私は申し上げました。今までそうでもなかった（ガン子さん、ごめんなさい）女性が品格を身につけると、周りの反応はさまざまです。間違いなく断言できるのは、「ネガティブ仲間ほど、けなしてくる」ということ。ネガティブな人は、「変わりたくても変われない」という思いを抱えていますから、実際に変わった人を目の当たりにすると嫉妬心が芽生えてしまうのかもしれません。「そんな見た目ばっかり繕ってどうするの？」と、職場の人や女友だちが半笑いでバカにしてくることもあるでしょう。

ただ、結局のところ、上品で大切に扱われる女性になると、こういう人たちって自然に皆さんの目の前から、遠ざかっていくものなんです。

先日の講座では、３人の生徒さんが講座終了後に「本当に自分のやりたい仕事が見つかった」と転職を果たしています。なかには、これまで仲良く付き合っていた女友だちとお茶をしていたら、「突然、友だちがものすごくグチっぽいことに気がついて、自然に会わなくなった」という生徒さんもいらっしゃいました。品格が備わると、人生のステージがワンランク、ツーランク自ずとステップアップするので、環境も付き合う人も変わってきます。これまでは縁のなかったレベルのステキな男性と出会えるようになった、という生徒さんもたくさんいらっしゃるんです♡

「笑われるのは、品格が身についた証拠」と考えて、放っておきましょう。

# 〝「真顔」「猫背」「音」を変えるだけで大切に扱われる〟のになぜやらない？

もう14時だ。やっとお昼にありつけた。ランチタイムが終わっちゃったから、お気に入りの焼き肉ランチ（598円）が食べられる店が閉まっちゃってツイてない。今月厳しいのに。派遣社員はツラいよー。そもそも今朝、「カッコいいかも♡」と思ってた営業さんに、「この資料、今日の15時までにお願いできる？」と頼まれたのが不幸の始まり！　他の仕事を後回しにして時間前に仕上げたまではよかったんだけど。

完成した資料を渡したら、「ありがとう。めっちゃコワい顔で作業してたね（笑）」とイジられて、周りも大爆笑。そこは「急ぎの仕事やってもらったのに、そんな態度ってあり？」って周囲がたしなめるところでしょ！

しかも、昨日、婚活パーティーで意気投合した（と思ってた）人とスペインバルでデートしたけど、結局ワリカンだったし。ってことは脈ナシってこと!?

# 気づいたら不機嫌顔になっていませんか？

しまった！　隣りの席の男性がビックリした顔でこっちを見てる。ついイライラして、テーブルにグラスをガチャンって置いちゃった。ん？　キレイな女の人が窓越しにお店の中をのぞいてる。も、もしかして、あさみ先生？

「外まで〝ガチャン〟が聞こえてきたわ」

ま、まさか！　先生が地獄耳すぎるのでは……。

「窓に映った自分の姿、ご覧になってみて」

先生に言われて窓をのぞき込むと……ひゃっ、これって私⁉　あごが前に出て、背中が丸まってる。しかも、口角が下がったへの字口ですごく不機嫌そうな顔。

「とりあえず、背筋を伸ばして。この割りばしを噛んで。いっさい音は立てないで」

「へ⁉　割りばし？」

「いいからつべこべ言わず、噛んでみて。『真顔』『猫背』『音』を変えるだけで、イジられたりせず、誰からも気持ちよくごちそうしてもらえる女性になれるから！」

# 「笑顔」「背筋ピン」「音を立てない」で品格と幸せとお金が手に入る

今回、皆さんにマネしていただきたいのは、品のある女性になって、幸せとお金が次々と舞い込んでくる3つのアクションです。

## ① 笑顔

ひとつめは「笑顔」です。正しい笑顔には、この4つが同時に必要になります。

・口は閉じたまま
・口角を上げて
・さらに頬を上げて
・目を細める

目が笑っていないとコワいので、笑ったときの目の形を三日

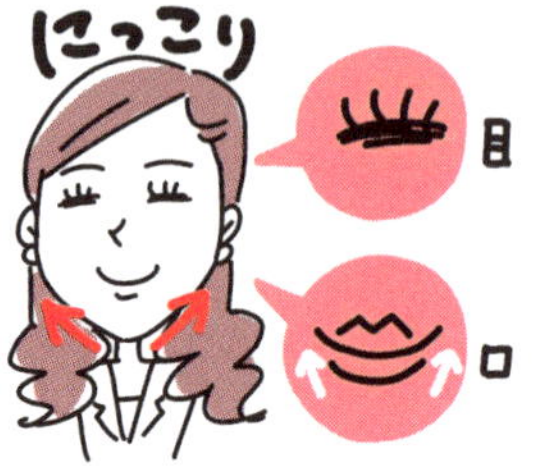

月のように意識するのを忘れないようにしましょう。

「マネしてみたけど不自然」「口角や頬はどのくらい上げればいいの？」と感覚がつかめない人は、割りばしを噛んでみてください。

口角と頬を上げたまま、割りばしを抜いた口元が笑顔のデフォルト（初期設定）です。割りばしを1日1分くわえるだけで、頬や口元の筋肉がほぐれ、笑顔が定着しやすくなります。

笑顔も筋トレの一種ですから、短時間でも続けることが大事です。

上品で大切に扱われる女性になりたいのであれば、「真顔」は捨て、常に「笑顔」を意識して作ってください。テレビを観ているときも、食事をしているときも、そしてもちろん仕事をしているときも、笑顔であることを忘れずにいてください。

なぜか。それは、**あなたの真顔がコワいから**です。

ガン子さんが男性の同僚から指摘されたように、女性の真剣な真顔って残念ならコワく見えてしまうのが現実です。

CAは「真顔を笑顔にすること」をとことん叩き込まれます。機内では通路を歩い

ているときやコーヒーを注いでいるときはもちろん、ゴミを拾うときでさえも笑顔です。への字口で機内を歩いているCAに、用事を頼もう、話しかけようと思うでしょうか?

**笑顔は「いつでも話しかけてくださいね」という意思表示**であるとともに、相手に「この人、機嫌悪いのかな……」と気を遣わせないための品格ある女性ならではの気配りでもあります。

真顔がやっかいなのは、他人の存在を無視、もしくはシャットアウトしているように見えてしまうところです。たとえ内心では交流を求めていても、相手を拒絶しているように見えてしまいます。

真顔を笑顔にするだけで誰からも話しかけられやすくなるので恋のチャンスも増えますし、「あのコはいつもゴキゲンで明るいね」と相手に好印象を与えるので、仕事でも評価されやすくなり、昇進や収入アップにつながること間違いなしですよ。

## ②背筋ピン

ふたつ目は「姿勢」です。背筋をピンと伸ばし、姿勢を良くする。もちろん、立っているときも座っているときも、「美姿勢」です。

これだけで、女性としての格が上がり、一目置《いちもく》かれるようになります。こんな簡単なことで!? と思うかもしれませんが、周りを見渡してみてください。みんなスマホを見ていて、ガックリと首が垂れ、背中が丸まっている人がなんと多いことか！ だからこそ、**背筋を伸ばすだけで、他の女性より一歩抜きんでること**ができるのです。

ステキな「美姿勢」は、こうキープしてください。

・骨盤の上に胴体をのせ（反らない！）
・下腹に少し力を入れて（反りすぎ防止になる）
・肩を前から後ろにぐるっと回してストンと落とす。肩甲骨を寄せて胸を開く！
・腕と肩の力を抜く
・常に頭のちょっと後ろを上から糸で引っ張られていると思うこと

今この場で、やってみましょう。かなり疲れるのではないでしょうか？

ＣＡは1日中この「美姿勢」でいることが求められます。お客さまの命を守る保安要員でもあるＣＡは、お客様に安心してご搭乗いただくために も、ビシッと姿勢を良くすることで「この人なら大丈夫」と思っていただけるよう常に意識しているのです。

背筋ピンは、「信頼感」や「自信」のあかし。反対に、丸まった背中は「自信のなさ」「ネガティブさ」を思わせるもの。一流ホテルでも、ホテルマンが猫背だと、それだけで品がなくなってしまいますよね。私はＣＡになる前、ザ・リッツ・カールトンホテルでのおもてなしの心を学んでいたのですが、やはり猫背のホテルマンは一人としていませんでした。

「職場でバカにされる」「重要な仕事を任されない」「婚活パーティーなどでも男性から選ばれない」という場合には、姿勢に問題がある可能性が「大」です。仕事の実力や性格の良さをうんぬんする前に、見た目で「この人、大丈夫？」と信頼感を損なってしまっているなんて、実にもったいないことです。

「背筋ピン」が身について当たり前になると無意識にできるようになるのですが、最初のうちは、たとえ1分でも「『背筋ピン』を意識すること」が大事です。「あ、姿勢が崩れちゃった！」と気づいたら、意識する。

初めのうちは、「婚活のときだけ」「好きな人の前でだけ」でもいいですよ。日頃のクセが、いざというときにポロっと出てしまいます。可能な限り、意識する時間を少しずつ増やしていきましょう。

120分の1DAY講座に来た生徒さんたちは、最初はどよーんとネガティブなオーラに包まれていたのに、姿勢をピンとした途端、突如としてキラーンとしたオーラを放ち始めます。

そんなに効果があるなら、もっとトレーニングして身につけたい！　という向上心のある方は、

**・頭に本などをのせる**
**・背筋をピンとキープした状態で、毎日テレビや映画を観る**

を習慣にしてみましょう。そのときは、ついでに割りばしをくわえてくださいね♪

## ③音を立てない

3つ目は「音を立てない」です。CAの世界では、次の4つの音はご法度《はっと》とされています。皆さんも、今からさっそく意識してみてください。

・足音
・物を置くときの音
・扉を開け閉めするときの音
・作業するときの音

コップやお皿を置くときは「小指を先につけてから置く」、ハイヒールのときは「つま先からつくようにする」と、音がしません。

もしCAが、機内でヒール音を響かせて走ったり、のギャレー（キッチン）でガチャガチャ大きな音を立てたり、扉をバンバン開け閉めしていたり……こんなふうに大きな音を立てながら

あなたに接したら、どう感じますか？

「扱いが粗雑《そざつ》だな」「ていねいに対応されていない」と思うのではないでしょうか。

そのように感じたお客様は、そのCAに対して「飲み物を頼むときも、乱暴な言葉遣いでいいや」「黙っていようと思ったけど、やっぱりクレームを言ってやれ」という意地悪な気持ちを引き寄せてしまうこともあるでしょう。

これと似たようなこと、あなたもやってしまっていませんか？

**人は、相手を扱ったように扱われるもの。ていねいに扱われたかったら、まずは、自分が相手をていねいに扱うことが大原則です。**

皆さんも、ていねいに音を立てずに過ごすことで、会社の同僚や婚活で会う男性たちに「なんだかあなたといると優雅な気分になれるね♪」「俺っててていねいに扱われるイイ男なんだ」と思わせてあげてください。それだけで、ごちそうしてもらえる機会が倍増します。

**ガン子のギモン**

**「笑ったら負け」と思って生きてきたんですけど、どうしても笑顔にならなくちゃダメですか？**

**そういうメンタルはすぐ変えられないでしょ？　だ・か・ら、割りばしをくわえて「形」から入るんです**

**結局、笑顔って「過去の記憶」で作られるもの**なんですよ。過去に仕事や恋愛に対してポジティブな成功体験があれば、パソコンに向かってようが、合コン相手を前にしようが、口角も頬も自然に上がるんです。でも、仕事で認められなかったり、連絡先を交換した相手からＬＩＮＥが来なかったりすることが続くと、「どうせまたダメだし」とネガティブなドロドロした感情が胸にたまり、

「どうして自分に何のメリットももたらさない相手に（↑勝手な妄想）、笑わなくちゃいけないの？」

「あいつのために笑ってやる必要なんてないよね。笑わないぞ。笑ったら負けだ！」

↓

と、相手に拒絶される前に自分から拒絶することで「勝った」（↑また妄想）と自尊心を保とうとしてしまうんです。そんなガン子さんに、いくら「ポジティブに」と助言しても、まさに馬の耳に念仏です。

だったら、もうややこしいことは考えず、割りばしをくわえましょう。とりあえず口角を上げていると自信ありげに見えるので、周囲からも「イジられなく」なりますし、グチや悪口も自然に言わなくなります。自信にあふれた人をイジる人はいませんし、**口角が上がることで脳は幸福だと感じるようになります。**「笑顔」という形を作っているうちに心も楽しく元気になって、勝ち負けなど気にならなくなってきます。「笑う門には福きたる」です。騙されたと思って、やってみてくださいね。

第2章

# 一流の男性は夜会巻き&華やかなメイクがお好きなの♥

~品格のあるヘア&メイクは七難隠す~

# 「メイクはしないほうがいい」と思ってるのはアナタだけ

今日の講座も、あさみ先生の鋭いツッコミから始まった。

「ガン子さん、今日はノーメイクかしら？　前回の講座であれほどメイクの重要性についてレクチャーしたわよね」

「それはそうなんですけど……」

## メイクって本当に必要？
## 男性ってナチュラルが好きなんですよね？

どうも、きちんとメイクするって気になれない。友だちからも会社の人たちからも「その年齢ですっぴんでいられるってスゴイ」「肌がキレイだからだね」って褒《ほ》められてるし。どうせメイクしたって似合わない気もするしなー。

「先生、だって男性ってナチュラルなほうが好きって言うじゃないですか」

「ガン子さん……」

絶句する先生のこめかみに青筋が……。口調はやわらかいけど、何か気に障ること言っちゃったかな？

「記憶違いだったらごめんなさいね。これ、前回の講座でもお教えしたと思うんだけど、男性が思うすっぴんと、女性が思うすっぴんって全然違うの」

「は!?　そんなこと教わりましたっけ？」

「ガン子さん、周りの生徒さんをご覧なさい。先週、あなたと同じ講座を受けているはずよ。皆さん、キレイにメイクしてらっしゃるわよね」

「で、でも、覚えてないから」

「まだまだ会話に**〝でも〟〝だって〟〝どうせ〟の３大ブス用語が多いわ！**　もっと意識を高く持たなきゃ」

「す、すみません……」

「特別に、もう一度メイクについて教えるから、耳をダンボにしてよーく聞いててね」

# すっぴんが許されるのは10代まで！

CAにとって、メイクは自分のためというよりはお客様のためのもの。気合いを入れて美しく装い、おもてなししますという「敬意」の表れなのです。

つまり、きちんとメイクしたあなたを見て、周囲の人たちは勝手に「自分は尊重されている」「なんか心地いい」と感じ取ってくれるんです。そう考えるとメイクって大きな武器だと思いませんか？　あなたにおもてなしの心がなくても（もちろんあるに越したことはありませんが）、相手は「もてなされている」と感じてくれるんですから。

ということは、もしあなたがすっぴんでいる道を選ぶなら、上司や同僚、友だち、家族、出会う男性たちに、今の10倍も20倍もていねいに接していかないと、メイクと同じ効果は得られません。

そんな面倒くさいことをするよりも、パパっとメイクをしたほうが簡単だと思いませんか？　すっぴんが許されるのは、親や先生から守られ、気遣われる立場でいられれる高校生、大学生まで。気を遣われるのではなく、気を遣う側に回るのが大人になるということです。すっぴんが子どもっぽく見えるのは、見た目だけのことではなく、精神的にも幼いことの表れともいえるんですね。成熟した大人の男性とお付き合いしたい、ビジネスで認められたいと思うなら、すっぴんからの卒業をおすすめします。

## ハイスペ男性はトレンドメイクより定番メイクが好き

そんなに効果があるなら仕方がない、じゃあメイクをするか……と思っていただけましたか？

では、どんなメイクをするべきか。女性誌に載っているようなバリバリのトレンドメイクでしょうか。いえいえ、**正解はCAのような「定番のコンサバメイク」**。

CAは誰からも好感を持たれると同時に、「頼れる」「信頼できる」存在であることが求められますから、メイクも定番で安心感を抱いていただけるのが大原則です。短い太眉のようなトレンドを反映させることはまずありません。それでもコスメは日々進化していますから、きちんとイマドキの質感をもった仕上がりになり、古臭い感じにはならないのでご安心くださいね。

ハイスペック男性は、普段ビジネスアタイア（スーツやワンピースなどのビジネスウェア）な装いの女性たちと接しています。だから、メイクもファッションもやはりコンサバのほうが抵抗感なく受け入れやすいのです。かといって、「女性のメイクはこうでなければいけない」という確固たるポリシーも、よほどのおしゃれさんでない限りは持っていないのが普通です。

彼らの基準は**「どこへ連れて行っても恥ずかしくない、最低限きちんと上品に見えるメイク」**。実際のCAメイクを一般の方向けにアレンジした「CA風メイク」を紹介しますので、サクッとマネしてみてください。

## CA風メイクのポイントと使用コスメを教えます

基本的なCA風メイクは、次のとおりです。下地やファンデーションは紹介していませんが、基本的には何でも好みのものでOK。

【眉】
・自然なアーチ眉が基本
・眉山が黒目の外側の延長線上にくるように
・眉尻が口角から目尻の延長線上にくるように
・最後は眉マスカラで仕上げを
・使用アイテム↓インテグレートかケイトのアイブロウパウダー／ケイトの眉マスカラ

【アイメイク】
・茶系のグラデーションで上品に（派手なメイクより自然に立体感がでるように）
・使用アイテム↓マキアージュ トゥルーアイシャドー BR722／ルナソル スキンモデリング アイズ01

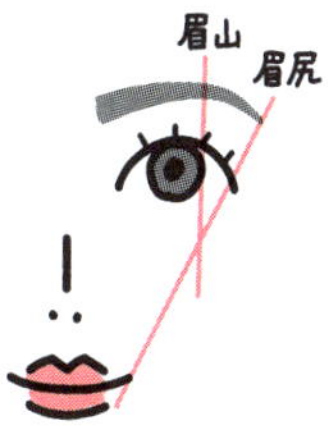

【アイライン】
・目の形に沿って描く
・目尻は跳ね上げない
・使用アイテム→黒のリキッドで落ちにくいもの（おすすめはAdonnaフレッシュゲル リキッドライナーBK）

【まつ毛】
・ビューラーを使って3段階でていねいにしっかり上げる
・つけまつ毛はNG、まつエクはやりすぎない程度に
・使用アイテム→フローフシのモテマスカラ（おすすめは、THE ANSWER SHARP）

【チーク】
・笑ったとき頬が一番高くなるところからこめかみにかけて入れる
・だ円を描くように、斜め上に向かってチークブラシを動かす

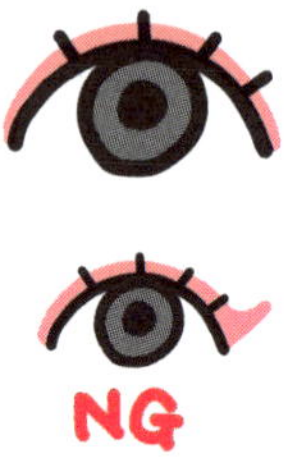


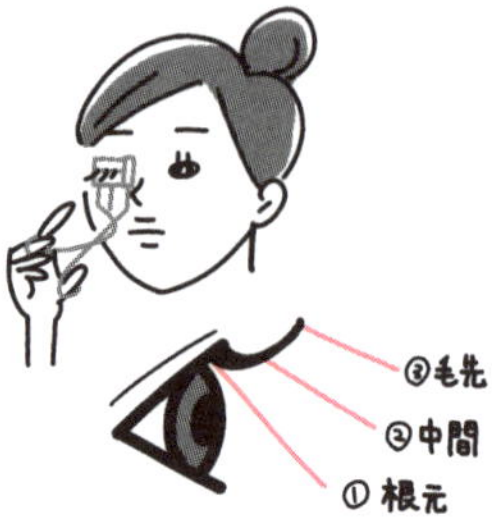

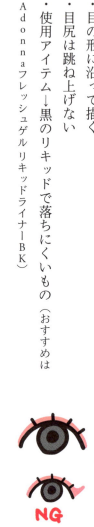

・チークの起点が黒目の外側かをチェック（黒目の内側からだと顔が幼く見える）
・起点の色が濃くなるのが気になる人は、こめかみから頬に向かって入れるのもＯＫ
・使用アイテム→ちふれのピンクやコーラルオレンジ／２色を混ぜて使うのもアリ

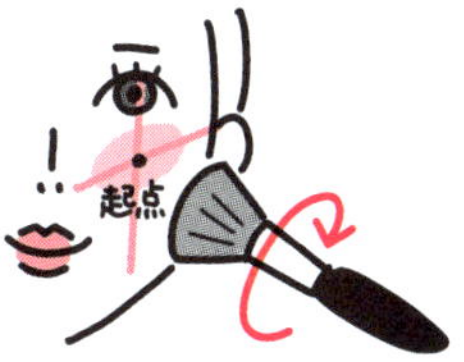


## メイクアイテムはプチプラでOK ただし、口紅はハイブランドで

口紅はＣＡの品格メイクの象徴！　明るく発色の良い色を塗ることで、顔の印象がグッと華やかになり、印象がアップします。塗り方と使用アイテムは次のとおりです。

・リップブラシで口角と上唇の山をしっかり描き、きちんとした印象を出す。
・使用アイテム→
①イヴ・サンローラン ルージュ ヴォリュプテ シャイン43
ＣＡの人気ナンバーワン口紅がコレ。上品なローズ色で、リップクリームのように

滑らかでしっとりリップをキープしてくれます。赤い口紅が好きな方は45の赤も人気です。

②ディオール アディクトグロス765

こちらもCAのリピート率が高い1本。発色の良いピンクレッドですが、ナチュラルな仕上がりなので、マットな赤リップは派手過ぎる……と敬遠してきた方におすすめです。トリートメントとしてもグロスとしても利用できます。口紅なしでコレ1本でもしっかりと色がつき、時間がないときでもサッと塗り直せます。

やはり口紅は、発色の良さやうるおい感で群を抜いているブランドものがおすすめです。

しかし、それ以外のアイテムは、国内ブランドやプチプラでまったく問題なし。CAは高級コスメ好きだと思っているかもしれませんが、意外にプチプラ愛好者も多いんです。仕事柄、最新のコスメ情報に詳しい分、プチプラでもハイレベルなものがあると、CA同士のクチコミですぐに広まっていきます。ここで紹介したアイテムも、実際にCAが愛用しているものばかりなんですよ。

## ポイントメイクはやりすぎくらいでちょうどいい

ＣＡのメイクって、濃いめでくっきり、はっきりしていますよね。それは、暗い機内でも華やかに明るく見せるため。また、深夜フライトでも疲れた顔に見せないため、という理由もあります。

ここで紹介した〝ＣＡ風〟メイクも、一般のナチュラルメイクよりは少ししっかりめ。そのため、街では浮いてしまうのでは……と不安な方もいるかもしれません。でも、安心してください。皆さん「ナチュラルメイクが男性ウケもいいし最強」という思い込みがあるのだと思います。もちろん、それは間違いではありませんが、**皆さんのメイクは、ナチュラルというより、むしろ「薄すぎ」です**。

眉や口紅、チークといったポイントメイクは、皆さんが「ちょっとやりすぎ？」と思うくらい濃いめにしたほうが、美しく華やかになるのです。

特に男性は、うっすら入れた控えめなチークには気づいてくれません。かえって、「顔色悪いな」と感じている可能性が大。多少濃いメイク（と皆さんが感じるメイク）をして初めて、「きちんとしているコだな」「顔色も良くて元気そう」といった印象を持つのです。

ただ、チークや口紅を濃いめにする場合には、アイメイクはやりすぎ厳禁。アイメイクを盛るとギャルっぽくなり品が失われてしまうので、ブラウン系で上品にまとめ、全体のバランスを取りましょう。

## 接近戦にも動じない肌は「保湿」で作る

肌の調子が悪いと、どうしてもメイクでカバーすることになり、自ずと厚塗りに。ナチュラルメイクは土台である肌が美しいことが大前提。

ここでは、乾燥する機内で長時間過ごすため、「保湿命」のＣＡならではのスキンケア法を特別にお教えします。肌がうるうるに潤っていると、婚活パーティーなどでもググっと自分から男性のそばに近寄り、自信をもってお話しできますね♪

・肌は繊細。表皮は０・２㎜と言われています。ひとこすりがひとシワにつながるので、

洗顔をするとき、化粧水を塗るときは、絶対に肌をこすらない

・化粧水のあとは、シートマスクやコットンパックを10分を習慣に。出勤前の朝に行うと潤いが夜まで持続する

・化粧水は5分間繰り返しハンドプレスをして、じっくり浸透させる。これだけで長時間乾燥しない肌に生まれ変われる！

・乳液やクリームなどの油分で必ずフタをして、肌の水分を逃がさないように

・ニキビや肌荒れが深刻なら、バランスの良い食生活をしているか、睡眠を毎日7時間とっているかなどを見直しましょう。それだけでもかなり変わってきますよ！

ガン子のギモン

**男性ってすっぴんが好きですよね？　だったらノーメイクでもいいのでは？**

**男性の言うすっぴんはナチュラルメイクのこと。本当のすっぴんが好きなわけではありません**

これだけメイクについて一生懸命解説してきたのに、この質問ですか？
ガン子さん、勘違いをしているようなので、はっきり申し上げますね。
男性が言う「すっぴん」は、「ナチュラルメイク」をした顔のことです。
よく芸能人の方がすっぴん自撮りをインスタなどに上げていますが、すっぴんだと思っているのは男性だけだと思っていました。もしかしてガン子さんも信じていましたか？

男性は、ギラギラした派手なメイクを嫌う人が多いのですが、しっかり濃いめのメイクをしたＣＡがモテていることを考えると、決してメイクをした女性が嫌いというわけではないんですね。

要は、**ナチュラルメイクだろうがしっかりメイクだろうが「違和感がなくキレイ」であればいい**のです。そして、世の中の99％の女性は、すっぴんよりメイクした顔のほうが間違いなくキレイです。

確かにすっぴんでもじゅうぶん可愛らしい方もいらっしゃいますが、スーツ姿やスマートカジュアルの男性と並んで歩くことを考えると、やはり違和感は否めません。

そして、すっぴんや薄すぎるメイクは、よほど高い能力を持った女性でない限り、ビジネスシーンでも受け入れられないのです。

実際、メイクをして会社に行くようになったら、今まで上司から見向きもされなかったのに、「会社の男性から声をかけられることが多くなった」という生徒さんもいらっしゃいました。見た目を変えただけで、これだけのミラクルが起きるわけですから、ＣＡ風メイクを試さない理由はないのでは？

# もしかして、その髪で合コン行ったの!?

今日は高校時代の友だちに誘われて、久しぶりに3対3の合コン！　30歳を過ぎてから、本当に声がかからなくなってきたからなー。そういえば、3年前に合コンで知り合った人と1回デートしたたな。なぜか鍋を売りつけられそうになったっけ。なんで、私ばっかりこんな目に遭うんだろう。どうせ私なんて……うわー、ダメダメ！　また3大ブス用語でネガティブモードに入りそうになっちゃった。

最近は、ちゃんとあさみ先生の言うことを聞いて、笑顔も姿勢も音も意識してるし、メイクも頑張ってるんだから。きっと、今日はいい出会いがあるはず！

……って気合いを入れてたんだけど、人気は私以外の2人に集中。サトミは看護師だけに気配りが上手だし、マナはＳＥで男性陣の中にもＩＴ企業の人がいたから業界ネタで盛り上がってる。私の目の前に座ってる男性も、サトミのほうを気にしてて気がそぞろ。トイレにでも行ってこよ。

## 合コン中のあさみ先生に髪型を変えてもらったらオーラに品が出た！

男「………さん、今から2人で抜け出しませんか」

女「すみません、私、今日はこれから仕事なんです」

男「ホント!?　さすが自分で起業してる人は違いますね」

トイレに向かっていたら、とある半個室の中からこんな会話が聞こえてきた。

ハイハイ、私には縁のないシチュエーションですな。こんなありがたいお誘いを断るなんて、さぞかし仕事のできる美人さんでしょ。ま、美人ってだいたい性格悪いんだけど。男ってそういうのわからないから！　どんな顔してるんだろ。気になるから、ちょっとのぞいちゃえ。

「ガン子さん、何してらっしゃるの？」

え!?　まさかあさみ先生？

「さっきガン子さんをお見かけしたから、お声をかけにいこうと思っていたの」

「もしや……『これから仕事』って私のことですか？」

ん⁉　先生がめっちゃ私のことガン見してる……。

「その髪……私、髪についてまだきちんとお教えしてなかったかしら」

「そういえば、まだですね」

こう私が答えるやいなや、忍者顔負けのスピードでバッグからヘアスプレーとコームを取り出すあさみ先生。私の後ろに回って何してるんですか？

髪をくるくるねじってますけど……。

「ごめんなさいね、ガン子さん。**今日の合コンの敗因は髪型よ。**もっと早く、このＣＡ流夜会巻きをお教えしていれば良かったんだけど」

あさみ先生から手渡された手鏡で見てみたら……うわっ‼　これが夜会巻き？　これって私なの⁉　上品で女性らしい感じになってる！

## 女性らしくなれた自分に涙……自分が好きになれそうです

「どうしたの？　ガン子さん。泣いてらっしゃるの？」

「ヒックヒック……だって、うれしくて。こんな女性らしい自分を見たの初めてなんです。まるで別人みたい。ずっと女性らしくない自分が嫌いだったけど、こんな自分になれるなんて……こんな自分なら好きになれそう」

あれ、視線を感じるぞ。そうだ、ここは先生が合コンしていた部屋だった。みんな泣いてる私にドン引きしているかと思いきや、男性の一人が話しかけてきた！

「すごくステキですね♥　あさみさんたちがよろしければ、ガン子さんも一緒に飲みませんか？」

これって、夢ですか⁉

まさかこの私が男性から誘われるなんて！

# 顔や服より髪が大事

ガン子さん、良かったですね！　じつはこのエピソード、「夜会巻き姿の女性らしい自分を見て泣いてしまいました」「ステキな男性に『髪型きれいだね！』とホメられ、告白されました」「街を歩くと男性に見られるようになりました」「後ろの男性たちに『めっちゃキレイじゃね？』っとボソッと言われました」という生徒さんたちから聞いた話をもとにした実話！　髪って、それくらい強力な力があるんです。

人があなたの顔やメイクを正面からじっくり見る機会は、実は少ないもの。会社でも婚活パーティーでも、後ろ、斜めから人はあなたの姿を見て「キレイだな」「このコはないな」と判断しています。

特に男性はよっぽどおしゃれに興味がある人でない限り、口紅がオレンジだろうがピンクだろうが、その服がおしゃれかおしゃれじゃないかなんて、見分けがつきません。そんな男性たちも、髪がキレイか汚いかだけはハッキリ判断がつくんです。髪が、一番わかりやすく男性にアピールできるポイントであることは疑いようもない事実。髪が美しければ確実にモテます。

ちなみに、CAたちの顔、じっくりご覧になられたことはございますか？　生粋《きっすい》の〝リアル美人〟は、私も含めそんなに多くないはずです（笑）。

海外旅行が庶民にとって高嶺の花だった時代には、その憧れを体現する存在として、CAは容姿端麗なリアル美人というのが採用基準でした。

しかし、今は海外旅行が身近になって航空会社も増えたことから、「感じがいい」「話しかけやすい」とお客様に身近に感じていただける〝雰囲気美人〟を採用するようになっています。

そして、普段は至って普通の女性である今のCAたちが〝雰囲気美人〟に見えるのは、CAならではの〝斜め前髪＆夜会巻き〟の力に負うところが大きいんです。何と言っても、きちんとした感じもありながら、女性らしさもたっぷりの髪型ですからね。キレイにメイクをしていても、アホ毛がいっぱいのヘアだったら、「CA＝美人」というイメージが定着することもなかったと思います。

メイクや服選びより髪に時間をかけるべき理由、わかっていただけましたか？　美容師の方々の中では「印象は8割、髪型で決まる」と言われています。一歩外に出るときは、髪型もしっかりと整えるようにしましょう。

## 夜会巻きをマスターすると出会う男性の質が上がる！

次は、いよいよＣＡ風夜会巻きに挑戦してみましょう。私の講座でも、「ＣＡのように女性らしい夜会巻きに憧れて受講しました」「女性として生まれたからには、夜会巻きをやってみたかった」とおっしゃる方がとても多いんです。

**夜会巻きスタイルの強みは、フォーマル感と色気の両面を持っていることです。**

ビジネスの場ではフォーマルさが信頼感につながりますし、婚活パーティーや合コン、デートなどでは女性らしさや色っぽさを演出できます。

もう少しカジュアルさがほしいというときは、ヘアクリップで留めただけのラフなスタイルにもアレンジが利くので、ぜひ基本の夜会巻きをマスターしていただきたいところです。一般に夜会巻き＝難しいというイメージがあるようですが、コツさえつかめば誰でも必ずできるようになります。

【夜会巻きの作り方】

■用意するもの：水、ヘアゴム、ヘアスプレーケープ青、夜会巻き用コーム

①前髪を8対2で分けてピンでとめる

②手に水をつけて髪の毛になじませ、後ろでひとまとめにした髪を真上にねじり上げていく。一巻きするたびに上に引っ張りあげるようにすると、たるみなくキレイに仕上がる

③ねじり上げていくと、片側に溝ができるので、そこに余った毛先を収めて整える。ロングヘアの場合は、２つ折りに

④コームを横向きにして裏返しに持ち、毛束中央の表面を軽くすくう

⑤コームを表にひっくり返す

⑥地肌に沿うように奥までコームを差し込み、ケープを全体にかける。表面をクシで整えて完成

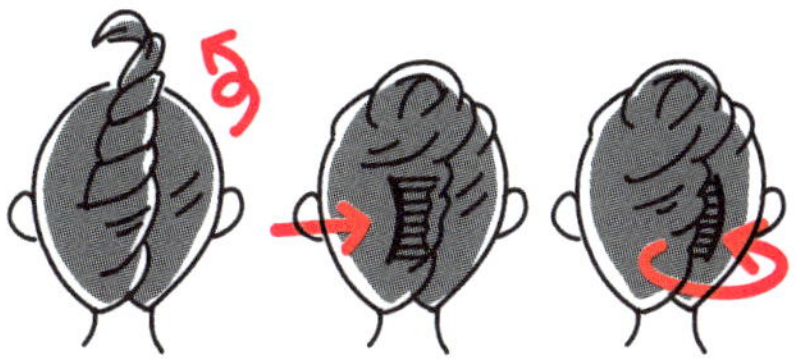

ちなみに、私のこれまでの研究結果と経験から言わせていただくと、夜会巻きにすると、ダメンズが寄って来なくなり、素敵な男性から選んでいただけるようになれるんです。

「私なんかを好きって言ってくれる人は、彼くらいしかいない」と、元彼とのデート代をいつも自分が払い、お金まで貸していたサトミさん(29歳)も、講座の生徒さんのひとり。自分に自信がなさそうに見える女性に、ダメンズは寄ってくるんです。

それが、凛とした色気を醸し出す夜会巻きで会社や婚活パーティーに行くようになったところ、会社でもパーティーでも「いいな♡」と思う人から、飲みに誘われたり、告白されたりとモテフィーバーが到来したとか。

夜会巻きは、あなたを「自信のある女性」に見せてくれます。こういう女性に「お金貸して」なんてとても言い出せないはず。夜会巻きで「大切に扱うのが当然」と男性に思わせるオーラを手に入れてくださいね。

## アホ毛、おくれ毛がガサツさを加速する

アホ毛ってご存知ですか?

あのぴょんぴょん頭の上から飛び出た、女性からエレガントなオーラを奪ってしまう短い毛のことです。

髪をきっちりまとめていても、アホ毛が1本飛び出ているだけで、だらしなく見えてしまいます。まとめ髪をしたときのおくれ毛も同様です。CAもアホ毛、おくれ毛は厳禁で、少しでも飛び出ているとかなり厳しく注意を受けます。

細部まで気が行き届いていないガサツさを感じさせてしまうので、時間がないときもせめてこのアホ毛、おくれ毛だけはチェックするようにしてくださいね。

**【アホ毛の直し方】**

用意するもの：青のケープ、クシ

①ケープをアホ毛の部分にひと吹きする

②クシで優しくなでるように押さえる

## 【おくれ毛の直し方】

用意するもの：マトメージュまとめ髪スティック、青のケープ、クシ

①おくれ毛はしっかりマトメージュで持ち上げる

②ケープをかけてキープする

③どうしても落ちてくるところはアメピンで留める

「夫からガサツだと言われています。もっと大切に扱われたい」と受講を決めた既婚者のハルカさん（35歳）は、「アホ毛やおくれ毛くらいどうってことないだろう」と思っていたそうですが、「アホ毛やおくれ毛に気を遣うだけで、見た目の雰囲気がシュッと引き締まり、こんなにキレイに見えるなんて！」と驚いていらっしゃいました。それ以外にも意外な効果があった、とハルカさんは言います。

「身だしなみを細部までチェックするようになったことで、女性らしくなれたばかりか、家の中で手抜き掃除をした箇所が気になるように。掃除もマメにするようになりました。私が自ら進んで動くようになったせいか、共働きの夫も進んで食器を洗ってくれるようになりました。まさかアホ毛、おくれ毛を直しただけで、自分のガサツさ

や夫との関係が改善されるなんて、思ってもみませんでしたね（笑）」

ガサツを直したい方は、ぜひアホ毛、おくれ毛を気にしてみてくださいね。バカバカしいと思うかもしれませんが、効果は絶大ですよ。

ガン子のギモン

**男性って髪なんかホントに見てますか？どうせ、性格は悪いけど顔がいい女を選ぶんでしょ？**

**美人の悪口を言うあなたの性格はどうなのかしら？もう一度言いましょう。大切なのは顔より髪です!!**

あんなに夜会巻きが似合ってキレイになってらしたのに、またネガティブに逆戻りですか。性格を直すのってホントに難しいので、気長にやっていきましょう。でもその代わり、とにかく見た目をマネすることだけは続けてくださいね。

男性は本当に髪を見ているのか。ハイ、見ています。髪型って、その人のキャラクターを表すものなんです。女性らしく見られたいなら、女性らしい髪型をする。それだけで、周りもそう認識してくれます。

マンガでも非モテキャラには、絶対に女性らしい髪型をさせませんし、モテキャラには「ザ・美人」な髪型をさせるのが王道。美人すぎる女優さんは、あえてベリーショートにして快活さや知的さを出し、役の幅を広げたりしますが、我々一般人には高度すぎて手が出せないので、くれぐれもマネしないようお願いします。

一般に「女性らしくて仕事ができる女性の髪型ってこういうもの＝ＣＡ風の斜め前髪＆夜会巻き」というイメージが出来上がっているのですから、それを利用しない手はありません。しかも、こうしたイメージに、より左右されるのが男性なのです。

美容やファッションに興味の薄い男性に、「あのコはぱっつん前髪だけど、じつはとっても女らしいんだよな」なんて高度な解釈を求めるのは無理筋というもの。女性らしくなりたい、品格を身につけたいと思うなら、一般的に「女性らしい」と考えられている髪型にするのが一番の近道です。

# まさか、まだヘアアイロンの使い方、覚えてないの？

あさみ先生の講座でヘアアイロンの使い方を習ったけど、なかなか難しかったたなー。復習しなくちゃいけないけど、面倒くさい……。とりあえずテレビでも観よう。ん!?　女性の芸人さんがしゃべってる。彼女が提唱してるのが「ちょうどいいブスがモテるための心得」(笑)。確かに美人じゃないのに、なんだかイイ女感が漂ってる不思議な人。なんだか面白そう！

「小悪魔的な行動をすると単なる性格の悪い非常識なブスになる」

確かに！　ベタなモテテクをやって許されるのは美人だけだもんね。

「ブスは持ち物が多いほうがいい」

気が利くねって100%ホメられるから、裁縫セット、携帯の充電器、絆創膏はマストだって。なるほど〜。メモっとこ。

## 髪の毛を伸ばして巻けば
## モテるらしい！

「ブスだからこそ、モノは知っていた方がいい」

美人はバカでも「天然」で済むけど、ブスがバカだと「ただのバカ」だって！　おっしゃるとおり!!

「髪の毛を伸ばして巻き髪にせよ！」

あ、やっぱり巻き髪って必須なんだ。ふわふわしてる髪って、見るからに女子って感じだもんな。男性は女性の髪型である程度まで騙されるんだって。なるほどね〜。

やっぱり、頑張ってアイロンの練習しようっと♪

あさみ先生に「まだ覚えてないの!?」って怒られる前に、頑張ってマスターするぞ！

あさみ先生の解説

# ヘアアイロンを制する者は全方位好感度を制す

何はともあれ、ガン子さんがやる気になってくれてひと安心。ガン子さんが見た芸人さんは、お笑いコンビ・相席スタートの山﨑ケイさんとおっしゃる方ですが、皆さんご存知ですか？　女芸人さんはどうしても女を捨てて笑いを取りにくいのが宿命というようなところがありますが、山﨑さんはそれとは一線を画し、容姿はいたって普通なのに、いつもキレイな巻き髪で常にイイ女感を漂わせています。

なぜ、巻き髪にするだけでイイ女感を醸し出せるのか。それは、カールの曲線で女性らしさを出せるということもありますが、じつは巻いたほうが「きちんと感」や「清潔感」が出せるから、というのも理由のひとつなんです。

「美は先端に宿る」というように、他人の目に触れやすい指先や足先、髪の毛先を美しく整えることは、全体の印象アップにつながります。

特に毛先がバサバサだと、品がなくどこかガサツな印象に。ところが、巻くとまとまり感とツヤが出て、あっという間にエレガントな雰囲気をまとうことができます。

最近だと海外ドラマ『SUITS／スーツ』で人気女優として活躍し、イギリス王室のヘンリー王子に嫁いだメーガン妃が、ストレートヘアからキャサリン妃のようなツヤのある巻き髪に変身し、王室仕様にイメチェンしたと話題になりました。

女優時代のメーガン妃は、撮影時以外はほぼすっぴんで、ヘアもナチュラルなまま。当時はそれが自然体ということで良かったのですが、王室入りしてからは髪をおろしていると「ボサボサ」と言われてしまうように。やはり、全方位好感度を叶えてくれるのは、きちんとセットした巻き髪なのです。

## 巻くのと巻かないのとでは王女と乞食くらいの差がある

ただ、ヘアアイロンを使って自分で巻き髪を作るのは、かなり難しいこと。美容ライターさんに聞いた話ですが、巻き髪をかなり詳しく女性誌で特集し、巻き方の特典DVDをつけても、読者から聞こえてくるのは「わからない」「できない」「面倒くさい」という声ばかりとのこと。いかに難易度が高いかがわかりますよね。

でも、今はたいへんありがたいことに、ヘアアイロンを使った巻き方をていねいにリーズナブルに手ほどきしてくれるところがたくさんあるので、自分ひとりで苦しむ必要はありません！　どんどん利用しましょう。

まずは、雑誌やＹｏｕＴｕｂｅなどを参考に自分で巻いてみたいという方のために、押さえておくべきポイントは次のとおりです。

## ・アイロンはクレイツの32㎜がおすすめ

クレイツは、プレートのすべりがよく、挟む力が強すぎないので初心者が扱いやすいんです。32㎜がいいのは、髪が短めでも長めでも髪が巻き込みやすい太さだから。いろんなモデルが出ていますが、基本モデルで十分事足ります。

## ・設定温度は170度

設定温度が高すぎると髪を傷めてしまいますが、低すぎてもきちんとカールが作れません。髪を傷めず、キレイなカールを作れるのがこの温度です。

## ・巻いたら5分置く

熱が冷めるときにクセがつくので、巻いてすぐほぐすのはＮＧ。

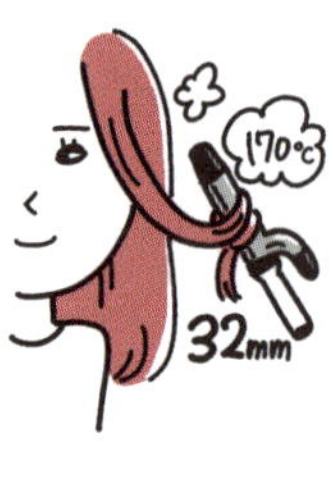

時間を置きましょう。

### ・カールをほぐしてミルボンのニゼル ドレシア ジェリーMで整える

カールを指で縦方向に軽くほぐしてから、ミルボンのワックスでツヤ感を出します。最後に、カールをキープするために軽くケープでスプレーをかけます。カールをほぐさないと、巻きが強すぎて派手すぎる印象に。上品に仕上げたいなら、最後まで手を抜かないこと！

一回身につけた技術は一生モノです。毎朝、5分もかからずキレイな巻き髪になれると考えれば、絶対に必要な出費。美しい巻き髪で王女のように扱われるか、毛先バサバサでぞんざいな扱いを受け続けるか……あなたはどちらの道を選びますか？

ガン子のギモン

**練習したけど巻き髪は難しすぎる！**
**他にいい方法ってありませんか？**

**私の生徒さんでは初めてのパターンです……**
**それなら「ヘアアイロンでツヤ出し」から**
**始めることにしましょうか**

ガン子さん、私が直接手ほどきして「巻き髪ができない！」というのは、あなたが初めてです。私もまだまだということで、もっとわかりやすい教え方を編み出すよう精進しますわ。

では、巻き髪は引き続き練習するとして、すぐ「髪キレイだね♥」と褒められる簡単テクをお教えします。これなら、練習いらずでできると思うけど、どうかしら？

**内巻きとか外巻きとか難しいことを考えずに、毛束を地面に対して45度に引き出します。この毛束の上から3分の2の位置を、熱の入った状態のアイロンで軽く挟み、するっと滑らしてみてください。すると、アイロンの熱がキューティクルを引き締めてくれるので、表面が整って髪にツヤが出ます。**

アイロンを通す前に、ブラッシングをして髪のからまりをとり、髪の保護＆ツヤ出しになるヘアオイルを毛先中心に仕込むのを忘れずに。

巻き髪をマスターするまでは、とりあえずこのツヤ出しテクでしのぎましょう。何もお手入れしないバサバサ髪でのお出かけはＮＧですよ。

なお、このツヤ出しテクは、巻き髪をする前の下地づくりとしても使えます。巻き髪をマスターしたあとも、ぜひ習慣にしてくださいね。巻き髪が難しくてできない人は、ブローしてハーフアップでも十分ですよ！

# 鏡、1日に何回見てますか？

今日のあさみ先生の講座は……「話し方」について勉強するんだった。どんなことをやるんだろう。私、一応社会人になって10年以上経つから、それなりにできてると思うんだけど。

あ、先生だ！　こんにちは～。

「こんにちは。ガン子さん、そのお顔！」

と先生が鏡を差し出してくるんですけど。いきなり何なの!?　といぶかりながらも鏡を見たら……ああ、口紅はハゲまくってるし、落ちたマスカラでパンダ目になっちゃってる！　髪も風にあおられてかなり乱れてる……。

「まさか、朝、身なりを整えたら、それで終わりって思ってないわよね」

「……思ってました」

「ハリウッドの特殊メイクじゃないんだから！　新人ＣＡも、１日に１００回は鏡を見なさいって指導されるの。ＣＡが常にキレイをキープしているのは、しょっちゅう鏡を見てチェックしているからなのよ」

## 鏡ってトイレに行ったついでに見るものだと思ってたけど違うの⁉

１日に１００回？　１日７時間寝てるとしたら、起きてる時間は17時間。（17時間×60分）÷１００回は……うそっ‼　約10分に１回は鏡を見てるってこと⁉

「ガン子さん、まだまだ大切に扱われる女性になるには、先が長いようね。まだ『話し方』のレッスンに進むのは早いわ。皆さん、今日は鏡を見ることの重要性についてお話しします」

うわー、皆さん、私のせいですみません……。でも、仕事中に鏡ばっかり見ていられないよー‼

# 鏡は1日100回見るのが常識中の常識です

ガン子さんは1日100回も鏡を見るなんて無理！　とおっしゃいますが、無理だと決めつけないでくださいね。

崩れたメイクは、場合によってはすっぴんより印象が悪くなってしまうことも。自分の顔をしっかり管理できていない、気が回っていないと判断されても仕方がありません。

キレイでいよう、常にきちんとして周囲の人に敬意を払おうと意識していれば、自然に鏡を見る回数は増えていきます。

CAの場合ですと、機内のギャレー（キッチン）には中が見えないようカーテンがついていますが、その横には鏡が設置してある機材もあり、出入りするたびに鏡で口紅やアイメイク、髪型、服装の乱れをチェックしています。トイレ清掃の際も、ついでに自分の身だしなみチェックを行います。

鏡を見る回数が増えると、「あ、自分は考え事をするとき猫背になるクセがあるな」

「自分は夏場になるとマスカラが落ちやすい」など、たくさんの気づきがあります。もし、鏡を見なければ気づかないまま。鏡を見ることで「考え事のときも姿勢よくいよう」「夏場は目の下にパウダーを多めにはたこう」と、より美しくなるための手が打てるのです。

よく、「美しさは、鏡を見る回数に比例する」と言いますが、これは本当のことだなとCAになってから実感するようになりました。

私も新人時代は「髪の毛がちょっと崩れているだけでそんなに怒らなくても」と先輩CAに対して思ったこともあります。

しかし、鏡チェックが習慣づいて苦にならなくなってくると、後輩の髪の毛が気になってくるから不思議です（笑）。

とにかく、鏡をたくさん見る。見るように意識する。それだけで美への意識が高まるのですから、やらない手はありません。

## 24時間鏡をそばに置き全身チェックできる環境作りが大事

鏡を100回見るためには、環境作りも大切です。鏡が身近になければ、チェックしたくてもできないですからね。鏡がないから……という言い訳を自分自身に許さないためにも、常に鏡がそばにある生活を心がけましょう。

### ・家の中で一番よく通る場所に全身が映る姿見を置く

尊敬するCAの先輩が実践していたのが、家の中で一番よく通る場所に全身が映る鏡を置くこと。そこを通るたびに笑顔、姿勢、メイク、服装など全身をチェックし、ちょっと太ったなと思ったらすぐエクササイズをしたり、肌が荒れているなと感じたらシートマスクをしているとのことだったので、私もさっそく取り入れて部屋の入口の壁に鏡を置くようにしています。

### ・コンパクトミラーを持ち歩く

もちろん、コンパクトミラーも必須。ファンデーションやアイシャドウのコンパクトについている鏡ではなく、鏡だけのコンパクトがおすすめ。ポケットやポーチに収まる大きさなら、いつでもどこでもサッと顔を確認できて便利です。

### ・電車の窓などで姿勢をチェック

普段から電車の窓やショーウィンドウに映る自分の姿をチェックする習慣もつけておきたいところ。無意識のときほど素が出てしまうので、姿勢やヘアスタイル、メイクやちょっとした服装の乱れなどをチェックしましょう。

### ・「行動の切れ目で鏡チェック」を習慣に

ガン子さんのようなデスクワーカーやシステムエンジニアなど、集中して作業することが求められる仕事の場合には、何かのついでに鏡チェックするのが難しいことも。そのため、「仕事が一区切りしたら」「お昼が終わったら」「休憩が終わったら」など、行動の切れ目での鏡チェックが効果的。人と接するのが少ない仕事でも、同じ職場の同僚はいるわけですから、くれぐれも手抜きは厳禁ですよ。

ガン子のギモン

鏡ばっかり見ていると、
自分大好きって思われそう……

**そう思われるのが嫌なら発想を転換！
「マナーとして仕方なくやっている」と考えれば
気がラクです**

またまたガン子さん、大きな誤解をなさっているようですね。そもそも人前で鏡を見てはいけません。鏡を見る＝自分に意識が集中している状態なので、相手は自分が尊重されていないと感じ、不快になってしまいます。

そもそも、ＣＡもギャレーで口紅や髪などをチェックするときは数秒単位。街でショーウィンドウに映った自分を見るときも、姿勢と全身のバランスなどを瞬時に確認する程度です。じーっと鏡の中の自分を何分も見つめるということではありませんよ。

あら？　そうじゃない？　トイレなどで同性の視線を感じながら、鏡を見たり、メイクを直したりすることが、「自分大好き」って思われ苦手だという意味なんですね。誤解しているのは私の方でした、ごめんなさいね、ガン子さん。

そのお悩みを解決するには……視点を変えてみたらいかがでしょうか。今、ガン子さんは「お前ごときがどれだけ鏡見たってムダだよ」と思われるのが嫌だなと思っています。だったら、鏡を見る理由を、「自分がキレイになりたいから」ではなく、「周囲を不快にさせないためにマナーとしてやっている」と考えてみればいいのでは？

**「私は別に鏡なんか見たくないんだけど、周りの人が迷惑しちゃうから仕方なくやってるの！」**と思うと、グッと気がラクになるはずです。

ＣＡも、仕事でなければあんなに厳しい身だしなみチェックはできません。それが習慣化したからこそ、普段も常にキレイでいることが当たり前になっているだけなんです。ＣＡは、別に自分大好き人間の集まりではありません（笑）。ガン子さんも鏡チェックが習慣になれば、ごくフツーの精神状態で鏡が見られるようになりますよ。

第3章

# お金持ちになりたいのなら、ビンボー臭い節約はおやめなさい

～品格は買ってでも身につける（ただしコスパ重視）～

# 節約は、百害あって一利なし！

あさみ先生の講座に通うようになって、いろんな発見があったけど、一番大きかったのは「いつの間にか私、めっちゃ地味でダサくなっていた」と気づかされたこと！

生徒さんは、みんな「あさみ先生みたいに上品でキレイな女性になりたくて受講しました」っていうけど、私からするとすでに十分おしゃれだし、キレイだよ……。

ハケンＯＬで誰からも評価されないし、仕事を頑張って収入を上げようって気力がなくなってたから、給料の範囲で暮らすことばっかり考えるようになって。服もコスメもろくに買わず、地味でダサい自分がいつの間にか当たり前になってたみたい。

食事も安くて美味しいからって、１００円で買えるサバ缶ばっかり食べてるし。流行のレストランとかも、「私とは無縁の世界だから」ってチェックしなくなっちゃってた。昔は、もう少しいろんなことにアンテナ張ってたんだけどなー。

## 節約に励んでたらいつの間にかダサくなってた！ でも、収入が少ないんだから仕方ないよね？

とはいえ、お嬢様でも何でもないんだから実家にも頼れないし、ハケンで収入が少ないんだから、少し使いすぎるとあっという間に赤字に転落しちゃう。いくらキレイになりたいからって、バンバンお金は使えない。

そもそも節約はムダ遣いしないってことだから、いいことだしね。ただ、今月はメイクのためのコスメやヘアアイロン、ワックス、ケープ、夜会巻き用のコーム……。私としてはあり得ないくらいの出費！　上品なオーラを手に入れて、大切に扱われる女性になるのって、お金がかかるんだなぁ。来月は、我慢してなーんにも買わないようにしなきゃ。しばらくは節約モードでいくぞ！

あさみ先生の解説

# 自分に投資したお金は何倍にもなって返ってくる！

どうやらガン子さんは、浪費と投資をいっしょくたにしてしまっているようです。
支出には「消費」「浪費」「投資」の3種類があるのをご存知ですか？

・「消費」は、生活していく上で欠かせない家賃や食費など。
・「浪費」は、生活に必要ではないムダ遣い。
・「投資」は、将来、自分の役に立ったり利益を生んだりする習い事費用や投資商品など。

たとえば、ちょっと高価なヘアアイロン。食品のような生活必需品ではないと考える人にとっては「浪費」ですが、品格を身につけて恋人を見つけたい、仕事で信頼感を得られる見た目にしたいと考えている人にとっては「投資」になります。

つまり、ヘアアイロンだけじゃなく、コスメやワックス、ケープ、夜会巻き用のコームなどは、ガン子さんにとってはぜーんぶ「投資」なります。決して無駄遣い＝浪費ではありません。

もし、品格あるオーラを身につけたいと思ったら、「節約モード」はいったん忘れるようにしてください。

節約は悪いことではありませんが、「自分の本当にやりたいこと」よりも、「お金を使わないこと」を優先してしまう、度を越した節約は考えものです。

これは私自身の経験からも言えることですが、**夢を叶えるために投資したお金は、やがて何倍にもなって返ってきます。**ＣＡを目指していたけれども受からなかったため、自己流をやめてＣＡスクールに通ったり、ネガティブな性格を直したくて心理学や自己啓発の本を読みあさったり。その投資があったからこそ、ＣＡになることができ、その経験を生かしてマナー講師として独立できたのです。現在の年収は、当時の3倍ほどになりました。投資はムダ遣いでも何でもなく、あなたの夢を叶えるのに必要なこと。夢がタダで叶うのは、おとぎ話の中だけですよ。

## ガン子のギモン

**節約はNG!? キレイになっても生活していけなかったら、元も子もないですよね?**

**ガン子さんのおっしゃることは正論です。でも、いくら節約しても夢は叶いませんよ。発想を変えてみませんか?**

確かにおっしゃるとおりです、ガン子さん。でも、ちょっと視点を変えてみませんか?

夢を叶えるのに収入が足りなければ、副業やアルバイトをして収入を増やしてしまいましょう。節約して捻出できるお金には限界がありますし、食費やお洋服代を切り詰めてまでやりたいことをやるのは、よほど強い意志がないと難しいもの。だったら、収入が足りない分、働いて増やせばいいだけです。

会社と家の往復で毎日が終わっていく。

品格を身につけるための出費をムダ遣いだと感じ、節約にひたすら励む。それでは、夢を叶えることなど絶対にできません。

副業禁止のお仕事をされている方もいらっしゃるとは思いますが、それならばフリマアプリなどを活用する手もあるでしょう。

探せば必ず収入を増やす方法はあります。

「やりたいことはあるけど、収入が足りないから」とあきらめる前に、あなたにできることはまだまだたくさんあるのです。

## 間違った自分磨きでお金をドブに捨てていませんか？

そうか〜。自分への投資が大事なんだ！　でも私、あんまり人と話すの得意じゃないから、副業って言われても新しい職場に馴染まなきゃいけないって考えただけでうんざりするわ……。じゃあ、ひとりでできそうなことやってみようかな。

そういえば、手先だけは器用だったから、よく中学とか高校のとき、友だちにピアスとかネックレスとか手作りしてあげたら喜ばれてたぞ。

あれ、今だったらネットで売れるかも。さっそくやってみよう！

### 自分への投資って何が正解？選択肢が多すぎてわからない！

えーと、それで数千円でも手に入るとしたら、自分への投資として何をしたらいいんだろう。見た目への投資は、あさみ先生の講座に通ってるからいいとして……。

もっともっと品のある立ち居振る舞いを身につけるなら、茶道や華道がいいのかも。

それとも、日本人はあきらめて語学を学んで外国人と結婚するとか？

その前に、スポーツクラブで体を引き締めるとか？

最近、流行ってるハーバリウム講座に行くのもいいか。

ダメだ……何にどう投資すればいいのか全然わからないや。こういうときこそ、あさみ先生に聞いてみよう。ＬＩＮＥで何でも質問していいって言ってたし。


**ガン子**：　先生、こんにちは。

質問があってご連絡しました。

自分への投資って結局何をすればいいんでしょう？

いろいろありすぎて迷ってしまっています。


**あさみ先生**：　ガン子さん、こんにちは。

ご連絡ありがとうございます。

投資は浪費じゃないっておわかりいただけてうれしいわ。

でもね、私もガン子さんも億万長者でも不老不死でもないから、お金と時間は有限でしょ？

ガン子：おっしゃるとおりです！

あさみ先生：だから、自分への投資の仕方を決めるときも「自分が将来どうなりたいか」「将来、何をしていたいのか」を、まず考えて！

ガン子：なるほど！　ちょっと考えてみます!!

# 具体的な「成果」が手に入る自分磨きを選びましょう

ガン子さん、危なかったですね。いたずらに自分磨きをすることで、時間とお金をムダにするところでした。

貴重な時間とお金をかけてまで、自分が得たいものは何か。自分は将来どうなりたいのか。それをしっかり考えることが大切です。たとえば、ガン子さんの場合ですと、

「品格ある女性になって大切に扱われるようになりたい」
「がさつなところを直したい」
「やりがいのある仕事がしたい」
「いい男性と出会って結婚したい」

というのが、おもな将来イメージです。
女性の願望がほとんどすべて詰まっていますね（笑）。

その中で、本当に叶えたいことの優先順位を決めていくのです。

**・品格を身につけることを最優先するなら**

マナー教室や華道、茶道などは、美しい所作が身につくのはもちろん、極めれば教える立場になることもできる、一石二鳥の習い事です。

**・結婚を一番に考えるなら**

外見を磨くビューティー系の習い事に通ったり、パーソナルトレーナーにお願いしてボディラインを整えたりするのが効果的です。それから婚活パーティーに参加したり、婚活アプリを利用したりすれば、男性の反応がまったく違ってくるからです。

**・キャリアアップを最も望むなら**

転職や給料アップを狙うなら資格取得のための学校やビジネススクールに通ったり、将来独立したいなら目指す職業の養成講座に行ったりしてみましょう。

優先順位をつけたら、ある程度、予算と期間を決めておくことも重要です。

モノになるかならないかわからない習い事を、ダラダラ続けるのはそれこそ時間とお金の浪費。思うような成果が得られなければ、優先順位の２番目にシフトチェンジしていきましょう。

## 自分へのご褒美《ほうび》は一流を選ぶ

皆さんは、何を自分へのご褒美にしていますか？　私はＣＡを目指して「品格を身につけたい」「変わらなきゃ」ともがいていたとき、東京にＣＡの面接で来たついでに、一流ホテルのラウンジでお茶をいただくのを楽しみにしていました。

「このキラキラした空間にふさわしい自分になろう」と決意を新たにしたり、洗練されたファッションやメイク、立ち居振る舞いの女性たちを観察したり。

当時の私は、面接で「もうすでにＣＡなのでは⁉」という完璧な受験者と自分を比べ、みじめな気持ちになるのが日常茶飯事でした。ホテルのラウンジにも、勇気を振り絞らないとなかなか足を踏み入れられない状態だったのです。

でも、このひとときが、私にとってご褒美でもあり、「ステキな人は自分と何が違うのか。どうすれば彼女のようになれるのか」と考える、自分磨きにもなっていました。

もちろん、ご褒美は自分が元気になれるものが一番ですが、**一流の人が集まったり、一流のサービスが受けられたりする場所に足を運ぶことは、癒しになると同時に学びにもなるのです。**

こうして吸収していくと、どこの場所でもビクビクせずに、自信をもってエレガントに振る舞えるようになっていきます。

ちなみにガン子さんの自分へのご褒美は「海外ドラマのイッキ見」だそうです。それも悪くはありませんが、品格ある女性になりたいと望むなら、たまにはそうした女性の集まる空間に身を置きましょう。グッと自分の理想とする女性像に近づいていけるはずです。

ガン子のギモン

自分へのご褒美くらい、
何でも好きなことをさせてくださいよ！

エレガントな女性になりたいのなら
「一流ホテルの空間こそ私へのご褒美」と
思えるようになってくださいね

あらガン子さん、気分を害してしまったかしら。私は別に海外ドラマのイッキ見を全否定したわけではありません。品格ある女性になりたいのであれば、「それだけでは難しい」とお伝えしたかっただけなんです。

海外ドラマを見て、なぜガン子さんは癒されているのでしょう。それは、非日常を楽しんでいるからではないですか？　ドラマを見て、いつもとは全然異なる環境に身

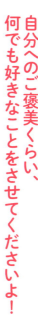

を置いたつもりになることで、気持ちがリフレッシュされるのだと思います。

でも、残念ながらこれって脳内だけの出来事なんです。

かつての私やガン子さんのようなネガティブな人は、脳内でいろんなことを完結して「わかったつもり」になるのが大好き。

だって、傷つかずにすみますから！

でも、**自分を変えたいのであれば、リアルな非日常空間に足を運び、「わかったつもり」を本当の「わかる」に進化させていただきたい**ところです。

たとえば「音を立てなきゃ上品に見えるなんて当たり前」と「わかったつもり」になっていませんか？　でも、実際に音を立てるのがはばかられるような一流ホテルのラウンジに、精いっぱいのおしゃれをして足を運び、そこでお茶を飲んだりケーキを食べたりすることで、**身をもって「音を立てない＝上品さにつながっている」と心底わかることが大切なんです。**

本来なら、ホテルのラウンジも、十分に非日常の癒しが味わえる場所。「あんな服でホテルに来てる」と指をさされて笑われているのでは？　という妄想に苦しむのは最初の数回だけ。慣れてくると、「この空間そのものが自分へのご褒美♡」と心から思えるようになりますし、またそうでなければいけません。

あ、海外ドラマのイッキ見をするときは、頭に本、口に割りばしを忘れずにね♪

第4章

# その言葉遣いじゃ、仕事で認められることはないと心得ることね

～好感度を一瞬で上げられる話し方～

# 上司や周囲から信頼されない理由、考えたことはありますか？

今日、隣りの席のケイコさん（女性・48歳・既婚者）は鼻歌なんか歌っちゃって機嫌よさそう。良かったー。今日は意地悪されそうにない。仕事でテンパると私に八つ当たりしてきたり、会議の開かれる部屋をなぜか私だけに教えなかったりと、機嫌が悪いときの意地悪さはハンパないからね……。うわっ、ケイコさんがこっち見てる。私、なんかやらかした？

「ケ、ケイコさんのフレンチネイル、お、おしゃれですね」

あさみ先生が、〝相手から大切に扱われたかったら、まず自分が相手を大切にしなさい〟って言ってたから、感じたままに褒めてみたけど……。

「ありがとう♡　ガン子さんは、髪巻いてきたの？　巻いたほうが可愛いわね」

うわっ、褒め返された！

「あ、ありがとうございます……で、でもまだ全然うまくできなくて」

「私、巻き髪歴10年以上なの。今度、教えてあげましょうか？　最近、ガン子さんおしゃれね～。女子っぽい話ができるようになってうれしいわ」

なんで⁉　見た目を小ぎれいにしてちょっと褒めただけなのに、この態度の変わりようはいったい何？　この前まで、さんざん意地悪してたくせに‼

## お客さんからクレームの電話！　ちゃんと説明してるのに通じないのはなぜ？

あ、電話だ。良かった～、これ以上ケイコさんと話してるとボロが出そうだったから助かった！

「ハイ、〇〇コーポレーションです」

「▲▲商事のシオミですが、営業のオノデラさんいらっしゃいます？」

ん⁉　なんか不機嫌そう。

「ただいまオノデラは外出中です」

「……困ったな。来週頭に納品予定だった部品、何とか今週中にってお願いしてたんだけど、オノデラさんから連絡はないわ、携帯はつながらないわでホント困ってるんですよ。お宅、社員の教育どうなってるの？」

ゲッ、私のせいじゃないのにトバッチリだよ。

「社員の教育と言われましても……」

「あのさ、急いでるの、こっちは！　困ってるのがわからないの？」

向こうが怒ってるから、落ち着いてもらうためにも、こっちは冷静に話さなきゃ。

「申し訳ございません。すぐオノデラから連絡させますので」

「こっちが連絡しても電話に出ないのに、お宅らが電話するとすぐ連絡取れるのか？　電話に出る、出ないを選り好みしてるのか？」

連絡させるって言ってるじゃん！　ちゃんと説明してるのに。

「ガン子さん大丈夫？　電話代わるよ」

あー良かった、課長が代わってくれた。怒りっぽい客って嫌だよねー。

# 「仕事がデキる人」の話し方にはセオリーがあります

ガン子さん、お客さまのお怒りはごもっともですよ！　しかもこのくらいのクレームは、しっかり対応して上司の信頼を勝ち取りたいところ。このままでは、「取引先を怒らせる可能性がある」「場面に応じた対応ができない」と認定され、重要な仕事を安心して任せることができない人になってしまいます。

こうしたクレーム対応に限らず、普段の会話でも、相手を不快にさせ、信頼を勝ち取ることができない原因は、「相手の立場になった話し方」ができていないことにあります。「相手を喜ばせたい」「どうしたら相手を幸せにできるだろう」という思いがないと、どんな言葉も「口先だけ」に聞こえてしまうのです。

先ほどのガン子さんのケースですと、お客さまはとにかく困っておられ、急いで連絡を取りたいわけです。仕事のデキる人であれば、真っ先にお客さまの心配をするところですが、ガン子さんはトバッチリだの、冷静に話そうだの、ちゃんと説明してるだのと、いたって自己中心的。ひとかけらも相手の立場への配慮がありません。

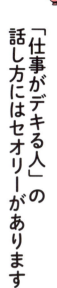

先方から「社員の教育どうなってるの?」と聞かれたガン子さんは、「社員の教育と言われましても……」と答えていましたが、お客さまは社員教育について聞きたかったわけではないこと、おわかりですよね? ただ困った気持ちや怒りの感情を、この言葉で表現しているだけなんです。言葉を表面的に判断するのではなく、「なぜ相手はそう言っているか」を考えることが大事です。

じつは私も新人CAのときは、「なんで出発がこんなに遅れるんだ! この航空会社のシステムはどうなってるんだ!」というクレームを受け、「システムに問題があるわけではありませんで……」とうっかり言い訳をしてしまったことがありました。先輩CAにフォローしていただきましたが、そのあときっちりお叱りを受けたのは言うまでもありません。

この場合、お客さまは困っている状況をわかってほしいという思いがあるので、反論や言い訳をせず最後までじっくり話を聞くことが重要。そのうえで、「納期がはっきりせずご迷惑をおかけしてしまい、大変申し訳ございません。こちらで事情を確認いたしまして、すぐに折り返しご連絡いたします」と、お客さまの立場になって、謝罪と対応策を口にするのが正解です。

## 「口先だけ」では信頼されない！表情と声もその場にふさわしく！

また、ガン子さんの表情と声が、謝罪にふさわしいものになっていなかったことも、怒りに拍車をかけてしまった理由のひとつです。会話は、言葉、表情、声の3つによって印象が左右されるもの。電話の場合は表情が見えないことから、言葉と声だけで感情を伝えなければならず、難易度が高いのです。

実際に対面していても、言葉だけで謝罪していると、まさに「口先だけ」で謝っているように感じるもの。表情は「真顔を笑顔に」が基本ですが、相手の立場になれば眉毛が下がり、笑顔の中にも困っていることへの共感や思いやり、謝罪の気持ちが自然ににじみ出ます。

たとえ電話で相手の顔が見えていなくても、困った表情になると、自ずと声にも「大変申し訳ございません」というニュアンスが加わるものなんです。ということは、ガン子さんのように冷静すぎるトーンで話すのは、まったくの逆効果。「こっちは困ってるのに、話をちゃんと聞いてるのか！」と相手の怒りを増幅させてしまいます。

反対に、頼み事をした人にお礼を言うときは感謝の気持ちを込めると、自然に笑顔になり、声にも表情が出ます。やはり、通りいっぺんに言われるお礼より、本当に心のこもったお礼を言われたほうがうれしいですよね。

## 「話すスピード」が相手と合わないとイライラされる原因に

話すスピードも大事です。相手が早口なら、こちらも少し早めに。相手がゆっくりなら、こちらもゆっくりめに。自分が慌てているのに相手がゆっくり話していたらイライラしますし、くつろぎたいときにまくしたてられるとこれもまたイライラします。

講座の生徒さんのなかにも、電話対応を苦手とする方がいらっしゃいました。マイペースでゆったり話すタイプなので、どうしても用件をパパっと早く済ませたいというクライアントをイラつかせ、よく叱られていたそうです。しかし、「相手本位のコミュニケーション」を知ってからは、相手に合わせてスピードを調整することを覚え、クレームはゼロ、周囲からも「話し方がきちんとしているね」と褒められるようになったと報告してくれました。

自分の気分や感情に左右される自分本位のコミュニケーションではなく、常に相手本位のコミュニケーションを心がけると、「仕事がデキる！」とまたたく間に評価されるようになりますよ。ただ、品のあるように見せるには「ゆっくり話す」というのが大事です。状況に応じて変えるといいでしょう。

## 職場で一目置かれたいなら「早口」はやめ「間」を大切に

ＣＡに早口の人はまずいません。子どもから年配の方まで、幅広い年齢層の方と接するＣＡは、どんな人にもわかりやすく話すことが求められるからです。

また、早口は会話がテンポよく進み、頭の回転が速いという印象を与えることができますが、「発言が軽い」「よく考える前に言葉が出てしまうので、失言しやすい」というデメリットもあります。

絶対に安全だという確認ができていないのに、うっかり「大丈夫です」と言ってしまったり、航空会社側に非がないのに慌てて「申し訳ございません」と平謝りしたり。

軽はずみな発言は、お客さまの安全を守り、会社の顔として現場に立つＣＡとしては絶対に避けなければいけません。

ビジネスシーンでも、それは同じです。

上司が理解できているかを無視して一方的にまくしたてれば、あなたの意図は伝わらず、「自分勝手だな」という悪印象を与えるだけです。相手の気分を害する言葉は、いくら悪気がなくても、いったん口から外に出てしまえば、二度と取り返しがつきません。

ちなみに、ＣＡ採用試験にはグループディスカッションがありますが、そこで見られるのは**「いかにたくさん話すか」ではなく、「自分の発言に責任を持っているか」「いかに人の話をきちんと感じよく聞けるか」**。間を取りながらゆっくり話すことで、言葉数が少なくなり、発言に重みが出ます。相手の記憶にも残りやすくなります。

早口だと、その場は盛り上がりますが、相手には「ただ騒がしい人」という印象しか残らなくなります。

**周囲から信頼され、一目置かれたいなら、「早口」はやめ、「間」を大切にしてください。**相手の言ったことにすぐ反応するのではなく、「これはどういう意図で言っているのだろう」「どう答えれば相手は喜ぶだろう?」と考え、結論が出てから話すのです。そのほうが発言の信頼度が高まりますし、失言の心配もなくなります。

## ガン子のギモン

**相手の立場になって困ったり、感動したりできません。私って冷血人間？**

**日々、心が動く体験をしていないと相手の立場にはなれません。1日3回号泣するといいですよ！**

「相手を幸せにしてあげよう」「喜ばせたい」というメンタリティが土台にないと、相手の立場を思いやることはできません。とはいえ、これはかなり難易度の高いこと。すぐそういう気持ちになれなくても、気にすることはないですよ、ガン子さん。

「私だって大変なのに」「忙しいのに」「疲れてるのに」というモヤモヤした気持ちが胸の中に溜まっていると、人を思いやるどころではありませんよね？　でも、いくら辛くても嫌でも、朝がやって来て仕事には行かなくてはなりません。

では、どうするか。

私が実践していたのは、出勤前にCAが体験した感動するエピソードを集めた本や動画などに目を通し、3回ほど感動して思いきり泣くということ。すると、胸のモヤモヤがスッキリして、「よし、今日もお客さまが感動するサービスをしよう！」というモードにスイッチが切り替わるのです。

やはり、相手を喜ばせたいと思ったら、自分自身も喜びを体感する経験を積み重ねておくことが欠かせません。

また、**たいていの感動は悲しみや痛みとセット**です。美味しいものをいただければお財布が痛みますし、感動ストーリーに悲劇や困難はつきもの。だからこそ、困ったり悲しんだりしている相手の心に、思いを馳せることができるようになるのです。

1日3回号泣するのは大変かもしれませんが、自分なりの方法で胸のモヤモヤを洗い流し、感動のタンクを満たしてあげてくださいね♥

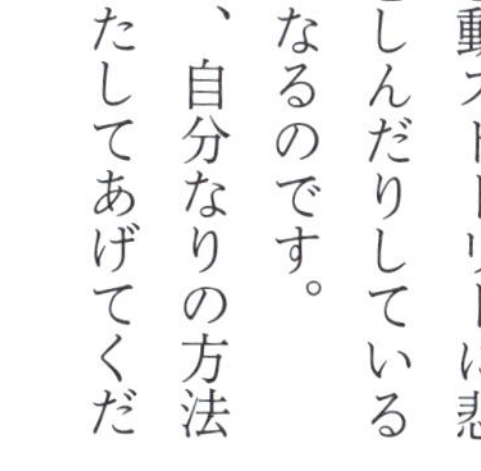

# あのコいいな♡と思われるコの言葉遣いはココが違う

今日は、久しぶりに会社の飲み会。しばらく参加してなかったけど、たまには行くか。最近、だいぶイジられなくなったし。

女子がドラマの話で盛り上がっている横で、男子たちが「話してみてガッカリした女性あるある」で盛り上がってる。耳がダンボになっちゃうよー。

「明るくていいコだなーと思って食事に行ったら、そこのイタリアンの内装とかメニューにダメ出し連発でさ……」

「萎えるね」

「ネガティブ発言もたまにはいいけど、限度あるよ」

ドキッ。私、ネガティブの塊なんですけど。マジで気をつけよう……。

「若い頃はよかったけど、『マジで!?』『ウザっ』みたいな言葉遣いもイヤ」

うわっ、私、いま言っちゃったよ!!

## 男子って「家政婦は見た！」ばりに女子の言葉遣いをチェックしてるものなんだ……

「アラサー、アラフォーになったら、それはないわー」

「乱暴な言葉遣いのコとは絶対付き合えない。結婚して、『風呂洗えよ』とか命令されるの勘弁してほしい」

「『無理』とかひと言で終わりにする雑な話し方もちょっと……」

「見た目が清楚なのに言葉が雑だと、ギャップすごいよね」

「普通にていねいに話してほしい」

女のコの言葉遣いや話し方だけで、男子ってこんなに語れるものなんだ。意外にみんな見てるんだな。マジで言葉遣い直さなきゃ。あっ、また「マジ」って言っちゃった……。

# 女性の言葉遣いや話し方で男性は「あり」「なし」を判断している

ガン子さんが目の当たりにしたように、男性は意外に女性の言葉遣いや話し方をしっかりチェックしています。話し方や言葉遣いが大切なのは仕事だけではないんです。第2章でもお話ししましたが、男性は雰囲気で「あり」「なし」を判断する生き物。その〝雰囲気〟の中に、言葉遣いや話し方もしっかり入っているのです。

せっかく美しいメイクや夜会巻きで上品なオーラを身につけても、ついぽろっと口から出た暴言が、あなたの印象として定着してしまうなんて残念なことは避けたいところです。

「親しくなれば、ちょっと雑な言葉を使ってもいい」と思う女性は多いのですが、距離が近くなったときにぞんざいな言葉遣いをすると、「結婚したらこうなっちゃうの?」と幻滅される可能性が大。いつでもどこでも「素敵な女性だな♡」と男性から思われる、美しく上品な言葉遣いと話し方をしっかりマネしてみてくださいね。

## 第一印象をアップする3大ポイント

婚活中の女性は第一印象が命。出会いでスタートダッシュを決めるために、美しい話し方で好感度を何倍も上げておきましょう。気をつけるポイントは次の３つです。

### ①ゆっくり、ていねいに話す

ゆっくり、言葉や文章を省略しないでていねいに話す。それだけで、仕事で信頼されるだけでなく、上品なモテオーラをまとえます。

言葉数が少ないからこそ、発言するときは「彼女は何を話すのかな？」と男性の意識や関心を自分に集中させることができ、記憶に残りやすくなります。

また、男性と約束をするときも、「○日はダメ、無理」と言われるよりも、ていねいに「ぜひご一緒したいのですが、あいにく○日は難しいんです」と言われたほうが、断られても嫌な気がせず、「また誘おう」と思わせることができます。

ゆっくりていねいに話すのを習慣にするには、身近に真似できるモデルを探すのが一番です。女優さんやＣＡが話している映像をＹｏｕＴｕｂｅで見てもいいですね。

早口の人は、「こんなにゆっくりなの⁉」と驚くかもしれませんが、それが男性の好むテンポです。真似をして体にしみ込ませてくださいね。

## ②語尾を伸ばさない、ふんわり終わる

女性らしさを損なうのが、「そうなんですー」という伸ばした語尾。「○○なんですけど…」という中途半端な語尾、「○○です！」と気持ちを伝えたいあまりに、強い言い方をしてしまうのもＮＧです。

語尾は会話のシメにあたる部分ですから、雑に終わらせてはいけません。「○○なんです」と、きちんと言い切りながらも〝ふんわりやさしく着地するイメージ〟で発音してみましょう。間違いなく、女性らしさが倍増しますよ。

## ③話すときは「笑顔」を絶やさない

特に「声が暗い」「低い」という人は、笑顔で話すことを心がけましょう。理由は、自然に声が明るく、高くなるから。「形から入る」だけで声が明るくなるのですから、やらない手はありませんよね。

## 声を今より1％高くするそれだけでモテ度がアップ

笑顔で自然に明るい声が出ればいいのですが、講座にいらっしゃる生徒さんを見ていて感じるのは、「まだまだ声が低い方が多い……」ということ。

講座では「ソの高さ」で話すことをおすすめしていますが、じつは今よりほんの少し、1％声を高くするだけでも、周りの反応はまったく違ってきます。最終的にはソの高さを目指すとしても、まずは「少しだけ高く」から始めてみてくださいね。

## クッション言葉で「気配りができる女性」に♥

クッション言葉とは、お願いやお断りをする際に、言葉の前に添えて相手への配慮を示す言葉のこと。

CA時代、「お忙しいところ大変申し訳ございません」というクッション言葉をうっかり忘れて先輩CAに話しかけると、当然のようにスルーされたものでした（笑）。

接客やビジネスの世界では当たり前のように使われているクッション言葉は、婚活でも男性に好印象を与えることができるんです。気を遣われてイヤな人はいないもの。会社だけではなく、プライベートでもどんどん使ってみてくださいね。

・**お願いをするときは、命令形ではなく疑問形で。**

×「映画の予約をしておいてください」

○「お忙しい中大変お手数ですが、映画の予約をお願いできますでしょうか？」

・**失礼ですが**

・もしよろしければ（差し支えなければ）

・あいにくですが

・申し上げにくいのですが

・さっそくですが

## 男性をトリコにする意外な魔法のコトバ

婚活に熱心な皆さんは、「さすが♡」「知らなかった♡」「すごい♡」「センスいい♡」「そうなんだぁ♡」の〝さしすせそ〟はすでにご存知だと思います。しかし、それ以上に男性をトリコにしたいと思ったら、次のように「論理的に話す」のが効果的なんです。

①結論（こういうことがありました）
「昨日、友だちと代官山のパン屋さんに行ったの」
②理由（なぜなら）
「限定20食のうさぎ型のパンが欲しかったから」
③感想（だから、こう思います）
「でも、行ったらすでに大行列。近くでお茶して帰ってきちゃった。残念……」

こうした他愛ない話を、女性はつい「この前、友だちと代官山に行ってー。その子は大学時代の友だちでー。彼氏は今いないんだけどー」とダラダラと話してしまいます。友だちの彼氏という本筋から離れた話題も入ってくるので、男性にはわけがわかりません。でも、この話し方は男性からすると、「で、結局何が言いたいの？」とイライラする原因に。だから、最初にどんな話なのかを提示することで、「そうか、友だちとパン屋に行ったんだ」と男性は話を聞く態勢に入ってくれます。

**ガン子のギモン**

**大人だから、ていねいな言葉遣いもできるし敬語くらいきちんと使えるんですけど！**

**「わかる」と「できる」は違います。「自分は大丈夫」と過信せず、ひと言ひと言「これは美しい言葉だろうか」と確認を**

ガン子さん、何度も申し上げているように、「わかる」と「できる」は違います。

同じ意味であれば、言葉は一語一語、できるだけ美しいものを選んで話すよう、強く意識していく必要があります。

次の言葉を美しい言葉に直してみて下さい。

①やっぱり→やはり

②ウケる↓面白い
③すごく↓とても
④〜っていうか↓〜というよりも
⑤あなたのお父さん、お母さん↓お父様、お母様
⑥仕事↓お仕事
⑦これは嫌い↓得意ではない

全問正解できたでしょうか。

「①やっぱり↓やはり」「③すごく↓とても」あたりは、うっかり使ってしまうこと、ありますよね？　美しくていねいな言葉を使っていると、心が磨かれ、所作も自ずと美しくなります。こうして身についた品格というオーラに、男性は惹きつけられるのです。裏を返せば、下手に発してしまった下品な言葉には、せったく築きつつあった男性との関係を壊す破壊力があるということ。言葉のもつ力、怖さを肝に銘じつつ、ひと言ひと言「この言葉は美しいか」と確認しながらゆっくり話す習慣を身につけましょう。

第5章

# 「選ばれる女性」になるには、その汚いデニムをスカートに穿き替えなさい

~大切にされる女性はこんな服を買っています~

# 服と靴を変えるだけでオーラが変わる!

メイクをして、髪を巻くようになったら、久々に新しい洋服が欲しくなってきた。友だちのミナコを誘って、買い物に行こうっと♪

あ、このワンピース、いつもあさみ先生が講座で着てるのと似てる! レースの白ワンピってホント可愛い♡ でも、ノースリーブのワンピなんて、着たことないけど大丈夫かな……。

**友だちの目が気になって変われない…**
**いったいどうすれば変われるの?**

「わー、その服、ステキ女子って感じ。私たちには全然似合わないよねー」

マズい、あさみ先生の講座に通ってること、ミナコには秘密にしてるから、「どうした⁉」って思ってるんだな。

「で、でもさ、たまにはこういうのもいいんじゃない？」

と、さりげなくミナコに反論。趣味が変わった的な感じで思ってくれればいいんだけど。

「いやー、ないわー。だって、脚も二の腕も、がっつり出ちゃうよ。ダイエットしてからじゃないと無理でしょ。それに、こんな服に合うヒールの靴、持ってたっけ？ガン子、ペタンコ靴しか持ってないじゃん」

やっぱりダメか……。確かにこれまでの私は、デニムとかガウチョとか、とにかく脚を出さないパンツスタイルばっかり。靴箱の中も、バレエシューズとスニーカーだらけだよ。ハイヒールって足が痛くなるイメージしかないし。

結局、いつもと同じようなパンツを買っちゃった。

ステキ女子への道のりはまだまだ遠いや……。

# CA風の上品なコンサバ服なら人に引き立てられやすくなる

ガン子さん、ツッコまれるのが嫌だったら、お買い物はひとりで行けば済む話です。

お友だちと行くとしても、「趣味変わったね」「モテ狙い？」などと言われたら、**「ちょっとイメチェンをしようと思ってね♡」**とハッキリ言いましょう。変化は誰しも怖いものですが、一歩踏み出す勇気を忘れないでくださいね。

ちなみに、ＣＡは通勤スタイルもプライベートファッションも、上品なコンサバスタイルが圧倒的多数を占めています。これには理由があるんです。

通勤も途中からは電車に乗っているとすぐにＣＡとバレてしまいますし、職場へ入っていく姿もお客さまから見られています。

また、フライト先でパイロットやクルーたちと一緒にレストランなどに行く機会が多いため、ステイ先でも恥ずかしくない服装……というと、やはり選ぶのは上品なコンサバワンピースあたりに落ち着きます。

こうしてＣＡは、自ずと「どこで誰にお会いしても恥ずかしくないファッション」

が身につくというわけです。

皆さんも、「レストランやホテルのラウンジにいて違和感のない服装か」を常に意識してみてください。「ステキなレストランで一緒に過ごしたい」「重要なミーティングに同席させても大丈夫そうだ」と、恋愛でも仕事でも周囲から引き立てられる場面が増えてくるはずです。

## スカート&ハイヒールで「人目を引く」女性になれる

では、上品なコンサバ服とは具体的にどんなファッションなのでしょうか。

それは、ワンピース・スカート＋ハイヒールの組み合わせです。

もちろん、パンツスタイルであってもペタンコ靴であっても、上品でステキな人はいくらでもいらっしゃいます。ただ、パンツを女性らしく穿きこなしたり、ペタンコ靴で上品にスタイル良く見せるには、それなりのセンスが必要です。

その点、ワンピース・スカート&ハイヒールは、誰が身につけても、遠くから見ても「上品で女性らしい」とひと目で思わせせることができる力強いコンビです。

私の講座に通うユリさん（28歳）も、ファッションの力を実感したひとりです。

1年半お付き合いしして「この人こそ、運命の人」と思っていた彼から、「結婚したいなら、相手はオレじゃない」とフラれ、そんな彼を見返したくて講座に通いはじめたそうですが、スカート＋ハイヒールのスタイルに変えた途端、状況は一変しました。エレベーターで一緒になった社内の男性（これまで一度も話したことのない）から、「キレイな服着てるよね」と話しかけられたり、合コンや婚活パーティーでも自分が「ステキ♡」と思った男性から選ばれるようになったのです。

ユリさんいわく、「自分に自信が持てるようになりました」とのこと。以前は褒められたら恥ずかしくて『そんなことないです』と必死になって否定していましたが、今は素直に「ありがとうございます」と言えるようになったそうです。

上品な装いは、人目を引くだけでなく、女性に自信を与えてくれるものでもあるのです。

## 「若く見えるから」と膝上丈はNG 大人の女性は膝を出してはいけません

ワンピース・スカートを選ぶときのポイントは、「丈」です。大人の女性は「膝丈」で膝を見せないほうが、断然品よく見えます。

時折、「若く見えるから」と膝上丈を穿いている方がいらっしゃいますが、**「元気」と「品がない」は紙一重。**やはり、オフィスでも出会いの場でも、「きちんとした上品な女性」に見られたいなら、膝は隠すに限ります。

## プロの助けを借りて似合う色を知る

どんな色や形が自分に合っているのかは、プロのイメージコンサルタントにパーソナルカラー診断をお願いするのがベストです。

パーソナルカラー診断とは、肌・瞳・髪の色から、その人の個性と魅力を引き出す色を見極めること。タイプは、「スプリング」、「サマー」、「オータム」、「ウィンター」

の4つに分けられます。

婚活カラーのパステルピンクが似合うのは、「スプリング」タイプ。私は、「ウィンター」タイプなので、パステルピンクを着ると残念な印象になってしまうんです。

自分の目の色が「ブラウン」か「ダークブラウン」かなどを見極めるのは難しく、自己診断だと自分のタイプを勘違いなさっている方も少なくありません。プロに診断してもらい、ピタリと似合うものを買うことができれば、似合う色やデザインを模索して買い物で失敗を繰り返すより、よほどコストパフォーマンスがいいというもの。自分への「投資」として、ぜひトライしてみてくださいね。

## 7cmヒールを履くだけで「ガサツ」から「上品」に変身できる

ハイヒールは、身長が160cm前後の女性だと、7cmがもっとも脚をすらりと美しく見せてくれる高さです（165cm以上の方、155cm未満の方の場合は、5cmヒールでもOKです）。

そんなに高いヒールは履いたことがない……としり込みしてしまう人も多いかもしれませんね。けれどハイヒールを履いた瞬間、まるで魔法がかかったかのように、見た目が大きく変わります。腰の位置がグッと高くなり、脚が長く見えるのはもちろん、背も高く、ウエストや足首も細く、顔もシュッと小さく見えるのです。

また、何より**ハイヒールは「ガサツに見られてしまう」という悩みを払拭できるマジックアイテム。**ハイヒールで上品な足元を演出している女性、ペタンコ靴でドタドタ歩いている女性、あなたはどちらが「選ばれる女性」だと思いますか？

男性が「恋人にしたい、結婚相手として考えたい」と思う女性は、どちらの女性でしょうか？　就職の面接で印象がいいのは、上司が取引先に紹介したいと思う女性は、どちらの女性でしょうか？

それは、**言うまでもなくハイヒールの女性**です。

さまざまなシーンで「選ばれる女性」になるためにも、ハイヒール自体がもつ「上品」「エレガント」「知的」というイメージを大いに利用してしまいましょう。

## ハイヒールのカツカツ音でエレガントさを台無しにしないために

上品なオーラをまとうには、「音を立てない」ことが大切だと第1章でお話ししました。女性が立ててしまう音の代表が、じつはハイヒールで歩くときのカツカツ音。「意外にガサツ……」とガッカリされないためにも、音を立てない簡単なコツをご紹介します。

ポイントは、「つま先から着地する」こと。

前から歩いてくる人に、靴の裏を見せないようにするのです。つま先を地面につけるときは、ていねいに、やさしく置くように意識しましょう。

この歩き方のいいところは、膝がピンと伸びた美しい歩き方が身につくこと。つま先から着地すると、自然に膝が伸びるんです。

最初は難しく感じますが、意識し続けることで必ずできるようになるので、頑張って続けてみてくださいね。

## 脚を細く長く見せたいなら
## ベージュのポインテッドトゥ

脚を細くキレイに見せたいなら、ポインテッドトゥ（先の尖ったつま先の形状）のハイヒールをセレクトしましょう。可愛らしいラウンドトゥ（つま先が丸くなっている形状）も捨てがたいのですが、ポインテッドトゥは先端のとんがりが視覚効果で脚をキュッと細く見せてくれます。

また、脚長効果を狙うなら、肌の色と溶け込むベージュがおすすめ。つま先部分まで まるで脚のように、すらりと見えます。

## ガン子のギモン

### ハイヒールなんて足が痛すぎて無理なんですけど！

### 痛いのは選び方が間違っているから。自分の足の形の特徴を知り、合った靴を選びましょう

足が痛いと本当にテンションが下がってしまいますよね。

ハイヒールは我慢して履くものと思っている方がいますが、それは大きな勘違いです。きちんと自分にフィットしたものを選べば、無理なくエレガントさとほっそり美脚の両方が手に入ります。

ハイヒールで足が痛くなってしまうのは、足の形とハイヒールが合っていないから。

全国に店舗がある「アシックスウォーキング」では、無料で足の「長さ」「周囲」「土踏まずの高さ」「かかとの傾き」「親指の角度」などを3次元足形計測機で測ってくれます。自分の足の特徴を知るために、ぜひ利用してみましょう。

痛くならないハイヒール選びは、「甲の幅」「甲の高さ」「土踏まずの高さ」の3点が合っているかどうかがポイントです。土踏まずの高さが合わない場合は、中敷きなどで調整できるので、ショップで相談してみてください。

ブランドによっても違いがあり、「ダイアナ」は甲薄・幅狭足さんに合うハイヒールが主流です。CAに人気の「銀座かねまつ」は、日本人に多い甲高・幅広足さんに合う靴で知られています（最近では、甲薄・幅狭足さん用のシリーズも出ています）。

ワンピースやスカートとハイヒールを合わせるのが気恥ずかしかったら、最初はデニムなどに合わせるところから初めてもOK。ハイヒールを履くだけで、カジュアルなファッションでも子どもっぽくならず、エレガントな大人の女性に見せてくれます。

# 大切にされる女性は「可愛い」より「エレガント」

明日は、久しぶりの婚活パーティー。あさみ先生が作ってくれた事前チェックリストを見よう！　意識することは……

□真顔を笑顔に
□姿勢ピン
□音を立てない
□3大ブス用語を言わない
□ゆっくり、ていねいに話す
□声は高めに
□クッション言葉を使う
□ポイントメイクは濃いめ

□アホ毛に注意
□上品なワンピース・スカート＋７cmヒール

## 上品な服ってキレイめ？　それとも甘め？ ブランドものじゃないとダメなの？

よし、頑張るぞ！

でも、結局、あさみ先生みたいなシンプルなキレイめワンピを買ったけど、そもそもあれって私にホントに似合ってるのかな⁉　ああいうコンサバ服って、そもそもCAみたいにもともとキレイな人のための服のような気もするし。

もう少し、フリフリしてる甘めのほうが可愛くって男ウケするの？　それともイタいって言われちゃうの？　しかも、このワンピは５０００円。やっぱりブランド服じゃないとダメなのかな？　でも、何万円もするものは家賃が払えなくなっちゃうから、買えないよ……。

# 大人の女性が目指すのは「可愛い」より「キレイ」です

ガン子さんには、可愛い＝男性にモテる、キレイめ＝もともとキレイな人にしか似合わない、というイメージがあるのですね。皆さんは、どうですか？

しかし、知っていることも初めて聞くかのように振る舞って男性を立ててあげるような「可愛げ」は必要ですが、大人の女性であれば見た目においては「可愛い」より「キレイ」を目指すべきです。そして、美人でなくても、キレイめの服は着こなせます。

むしろ、**キレイめの服を着ているからこそキレイに見えているだけなんです。お洋服にはパワーがありますから、勇気を出して身にまとい、そのパワーを自分のものにしてしまいましょう！**

そもそも「可愛い」は、基本的に自分より幼くて未熟な存在に使う言葉。年齢相応に見られなければ、婚活パーティーに一生のパートナーを探しに来ている男性や、自分の会社の顔として重要な取引先を担当させたいと考えている上司に、「相手にされない」という悲しい目に遭うことになってしまいます。

お客様の命を預かるＣＡに対して、「可愛い」より「キレイ」という印象を持つ人が多いように、**「キレイ」には「常識がある」「信頼できる」というその人の品性も含まれているのです。**

たとえ常識のあるしっかりした考えの持ち主であっても、フリルやリボン満載の可愛すぎるファッションは、幼く見えてしまうことから、どうしても信頼を得られません。「対等な存在として大切に扱われたい」「しっかりした印象に見せたい」と思うなら、キレイめのシンプルなお洋服を選ぶに限ります。

## 上品な装いができるコスパ通販サイト教えます

ガン子さんも心配していたように、「品のいいファッションはお金がかかる」と思っている人がとても多いんです。しかし、店舗をもたない通販サイトなら、全身コーディネートしても1万円前後に収まり、とてもリーズナブルです。

なかには、「安いお洋服はちょっと……」と、何年も前に買った毛玉のできたハイブランドのワンピースを着続けている女性も見受けられます。けれど、きちんとお手入れされていれば別ですが、着古した感のあるお洋服を着るくらいなら、低価格でもフレッシュなものを着たほうが印象はよくなります。

手ごろなプチプラ通販ブランドを紹介するので、お気に入りの1着を見つけてみてくださいね。

・ZOZOTOWN　zozo.jp

・Pierrot（ピエロ）　https://pierrotshop.jp

清潔感あるキレイめ服が中心。スカートが1500円〜。

・神戸レタス　https://www.lettuce.co.jp

7cmヒールが2000円台で見つかる。

・fifth（フィフス）　https://5-fifth.com

上品なコンサバコーデが1万円以下でそろう。

## 高見えするお洋服はどう選ぶ？

通販でもショップでも、プチプラ服を選ぶときに気をつけたいのは「高見え」するかどうかです。プチプラ服には、残念ながらシワや毛玉ができやすい素材を使ったものも含まれています。「安っぽく見えてしまう」「1回着ただけでダメになってしまった」という事態を避けるためにも、購入前に「素材」をチェックしてみてください。

たとえば、シワになりやすいコットン100%やレーヨンのものより、コットンに30%以上ポリエステルが含まれているものがおすすめです。ニットでは、ざっくりしたローゲージは毛玉ができやすいので避けたほうが無難です。また、生地がペラペラで透けているものは論外。裏地付きのものを選ぶようにしましょう。

## スカーフ1枚で印象に残る女性になれる

CAの品格を高めるのにひと役買っているのがスカーフです。厳格に身だしなみについての規定があるCAですが、スカーフについては決まりがなく、自分の背丈や髪型に合った結び方を研究して思い思いの巻き方をしています。

スカーフにはハイヒールと同じく、見た目にマジックを起こす効果があります。シンプルなCAの制服にスカーフを加えると、グッとアカ抜けて見え、女性らしい華やかさが生まれます。すると、女性らしくなれた喜びで自信が持てますし、何より顔周りが華やかになることで「あのステキなスカーフを巻いた○○さん」と、相手の印象に残りやすくなります。「印象がうすくて顔を覚えてもらえない」という悩みも、合コンや婚活パーティーでスカーフを上手に活用すれば、あっという間に解決します。

こうした華やかな品格を身につけた女性を、ぞんざいに扱う男性はいるでしょうか？　答えはNOです。スカーフには10種類以上もの巻き方がありますが、ここでは簡単に覚えられ、どんな服にも合わせやすい、4種類の巻き方をご紹介します。

**【用意するもの】**

**・大判スカーフ**

スカーフには、大判スカーフや小さめのハンカチスカーフなどさまざまなサイズがあります。エレガントさが欲しいなら、90cm×90cmの大判スカーフがおすすめです。

巻いたとき邪魔になるブランドタグは、リッパーなどを使って事前に取っておくのが正解です。

### ・スカーフリング

ネットだと1000円以下で手に入ります。スカーフを垂らしたり、肩にかけたりするときに、スカーフリングで留めると、動いても崩れにくく、よりエレガントな雰囲気が出せます。

### 【シンプルに垂らす】

タテのラインをつくることができるため、すっきり痩せて見える効果があります。首元で結ばないので、窮屈感がなく、スカーフ初心者におすすめです。

①対角にある2つの角を中央にたたむ
②さらに2度、中央に向かってたたむ
③中央の線で半分にたたみ、細長くする
④首に垂らす（スカーフリングで留めてもＯＫ）

### 【肩にかける】

ユニクロなどのプチプラワンピースも、肩にスカーフをかけるとエレガントなムードがアップします。

①三角折りにする
②肩からかけて、前で固結びに（スカーフリングで留めてもＯＫ）
③少し結び目をずらすと、おしゃれな雰囲気に

## 【カーネーション巻き】

ＣＡというと、このカーネーション巻きをイメージする人も多いでしょう。顔周りが華やかになるので、着席してお話しするレストランデートなどにぴったり。ちょっとしたパーティーなどでも大活躍する巻き方です。

①手前から細かく山折り、谷折りを繰り返して蛇腹折りに
②細長いリボン状になったスカーフの両端を持ち、クルクル10回ほどねじる
③首にかけて、2回結んで固結びにする
④蛇腹の部分を外側に広げて形を整え、横にずらす

## 【リボン巻き】

新人CAがまず覚える巻き方です。パーティーからカジュアルまで、幅広いシーンにフィットします。リボンを横にずらしてもステキです。

①【シンプルに垂らす】の①~③でスカーフをリボン状にする
②首元でリボン結びをする
③リボンの輪の部分を広げる

## ガンコのギモン

**上品な服ってつまらなくないですか？スカーフも、なんだか派手過ぎて気恥ずかしいです……**

**選ぶ服装の基準は「自分が好きか」ではなく、「相手を不快にさせないか」です**

確かにファッションの世界であれば、洋服を「面白い」「つまらない」という概念で捉えるのは間違っていないと思います。しかし、一般のオフィスや婚活、男性とのデートなどで身につけるファッションは、「自分が好きかどうか」「面白いか」よりも、「相手を不快にさせないか」「相手への敬意が表われているか」を優先するのが、大人の女性のたしなみです。

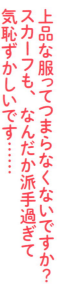

上品な装いの女性が信頼され、モテるのは、その気遣いや配慮を相手が感じ取るからなのです。

格式の高いレストランほど、見た目をきちんとしていくとウェイターからの扱いが変わってくるとよく言われます。こうしたお店では、内装もサービスもお料理も、すべて一流のお客さまを迎えるために整えられ、演出されたもの。そんな空間に、カジュアルすぎるファッションで足を踏み入れられたら、どうでしょうか？　やはり、自分たちのお店の雰囲気をよりよいものにしてくれるファッションや振る舞いをしてくれるお客を上席に通し、良質なサービスを届けたいと思うのではないでしょうか。

また、講座の生徒さんのなかにも、スカーフが似合うかどうか心配される方がいらっしゃいますが、鮮やかな色に抵抗があるのなら、紺や青などがベースになったものを選ぶとお洋服に合わせやすく、悪目立ちしません。ベージュや白、ピンクなどの肌に溶け込む色もいいですね。

プチプラのワンピースやいつものお洋服を、ディナーやパーティー仕様にドレスアップできるのがスカーフの良さ。広げたときに派手でも、身につけると印象が変わってくるので、ぜひ巻いてみてから判断してくださいね。

# 第6章

# もともと育ちのいい女性に見える「食事の作法」をお伝えするわ

～ココさえ押さえておけば、とりあえず上品に見えるんです～

# 初デートを台無しにしたくないなら「食事前」のお作法を間違わないで

あさみ先生の事前チェックリスト＆キレイめワンピのおかげで、婚活パーティーで「ステキ♡」と思った男性とカップルになれた。3年間婚活してきて、自分がいいと思った人に選ばれたのは初めて！　見た目を変えただけなのに、周りからの評価がこんなに変わるなんて、ホント驚き。

笑顔で背筋ピンを意識してると、周りにもやさしくされることが増えて、キレイな人をうらやむことも減ってきた。まだ、時々はねたんじゃうけど（笑）。

## 「何が食べたい」って聞かれたけどわからないから相手にお任せしちゃいました

明日は、その彼と初めてのディナーデート♡　「何食べたい？」って聞かれたけど、何にも思いつかなくてお任せしたら、カジュアルフレンチに行くことになっちゃった。カジュアルとはいえそんなにコース料理なんか食べたことないから、テーブルマナーが心配すぎる。お茶だけにすればよかったな……。

これはあさみ先生に、プライベートレッスンをお願いするしかない！

「明日行くレストランと似たようなお店に、一緒に行ってもらえますか？」

「ガン子さん、まずはカップル成立おめでとうございます♡　食事の前に予習しておこうなんて、とてもいい心がけですね。明日は、何を召し上がるの？」

「えーと、カジュアルフレンチです」

「ガン子さんは、フレンチがお好きなのね」

「嫌いじゃないですけど、特に食べたいものがなかったので彼に決めてもらいました」

「……ガン子さん、食事の初デートのセオリーをご存知ないのかしら。これは本腰を入れてご説明しなくてはいけないわ。メモのご用意はいいかしら？」

# 「これが食べたい」と、はっきり言える女性になる

初めてのデートですと、男性は「女性を喜ばせたい」という思いから、たいてい「何食べたい？」「苦手なものある？」と聞いてくるのが普通です。

そこで、「何でもいいです」と答えてしまうのは、大きな幻滅ポイント。はっきり意思表示をしないと、

「デートが楽しみじゃないのかな？」
「依存心が強いのかも」

と思われかねません。

男性が魅力を感じるのは「これが食べたい」と意思表示できる女性です。

実は私も、かつては意思表示がまったくできないタイプでした。

もともとが優柔不断だったこともあり、本当に食べたいものが思い浮かびませんし、

相手への遠慮も手伝って、常に「何でもいいです」が口グセ。今思えば、店選びばかりか、いつ会うか、デートの場所はどこにするか、すべてにおいて相手任せだったのです。

その結果、どうなったかというと……。男性から告白されてお付き合いを始めたにもかかわらず、連絡が3日に一度、週に一度とどんどん減っていき、半年後には「他の女性と手を繋いで歩いてたよ」と友人から聞いて彼の浮気を知る始末。

しかも、付き合う→連絡がこなくなる→浮気というパターンで恋愛が終わってしまうのは、一度や二度ではありませんでした。

**こうすれば喜んでくれる、楽しんでくれるということがわかりやすい女性のほうが、お付き合いのし甲斐があると思うのが、男性という生き物なのです。**

そもそも自分がお店を予約する立場になってみれば、食の好みも良く知らない相手が喜びそうなお店を選ぶことが、いかに難しいかわかるはず。自分の食べたい物をきちんと伝えるのは、相手への気遣いでもあるのです。

## 「これが食べたい」と言えない女性への処方箋

とはいえ、「そうか、食べたいものを言えばいいんだ」と、すんなりこのアドバイスを実践できる女性は少ないのではないでしょうか。

「これが食べたい」と言えない女性に多いのが、かつての私のように「自分が何を食べたいのかはっきりわからない」というタイプ。自分で自分のことがわかっていないので、「これが食べたいと言おう！」と意気込んでも、なかなか上手くいきません。

私は3カ月ほどテレビや雑誌、ネット、女友だちからの情報をシャットアウトして、ひたすら自分と向き合いました。目に入るものすべてを「私って、これは好き？　嫌い？」と自分に問いかけ、自分の中の好き嫌いを明確にしていったのです。

3カ月も自分と向き合うヒマはない！　という人は、スーパーでお菓子をひとつ買うにしても、適当に「これでいいや」と選ぶのではなく、自分が心から好きだと思えるものを買うよう心がけてみてください。好きなものが思い浮かばないときは、「これは嫌い」と消去法で選んでみる手もあります。

こうして自分の好き嫌いがはっきりしてくると、「何が食べたい」と聞かれても「パスタが大好物なので、イタリアンが食べたいです♡」「今日はさっぱりしたものが食べたいので、中華以外でお願いします」と、スムーズに男性へリクエストができるようになるはずです。

## 食事が出てきたら必ず「〇〇〇〇！」と言う

重要なので、もう一度繰り返しますね。男性が好きなのは、「わかりやすい女性」です。だから、料理が出てきたら「美味しそう！」ときちんと言葉に出し、ニコニコ笑顔で美味しそうにいただきましょう。

これも「私は楽しんでいます」という意思表示のひとつです。

「美味しそうに食べる」って具体的にどうやればいいんでしょうか？

**美しく美味しそうに食べる４つのポイントを守れば、必ず2回目のデートにつながります！**

「美味しそうに食べているな」と好印象を与えるには、「食事中の表情」がポイントになります。いくら「美味しい」と感じていたとしても、表情が仏頂面だったり、大きな塊を口に詰め込んだりしていては、相手にいい印象を与えることはできません。

美しく好印象を与える表情を作るには、次の４つが必要になります。

①笑顔を心がける
②ひと口大に切って口に入れる
③口を閉じて食べる
④「美味しい〜！　幸せ！」という

料理や相手の話に夢中になってしまうと、つい笑顔を忘れ、真顔になってしまう人は多いものです。食事中も口角を上げることを忘れないようにしましょう。

また、「口を閉じて食べる」と頭ではわかっていても、実際には口いっぱいに頬ばってしまい、食べながら口を開けている人をよく見かけます。きちんと口を閉じて**上品に食べるには、「ひと口大の大きさにして口に入れる」というルールを守ること**。そうすれば、口を閉じたまま咀嚼できますし、途中で話しかけられてもすぐ飲み込むことができます。ラクダのように奥歯を横に動かして噛むのも、口もとがモゴモゴして見え不格好です。噛むときは「ゆっくり、縦方向に」を心がけると品よく見えます。美しい表情で「美味しそうに食べる」ことができれば、「次もぜひ」とお声がかかること間違いなしです。

# そのテーブルマナー、育ちが出ちゃってますよ

引き続き、あさみ先生にテーブルマナーをレクチャーしてもらおう。でも私、本当にテーブルマナーに自信がなくて、緊張しちゃう。あ、前菜が出てきたぞ。

「ガン子さん、お料理が出てきましたよ。何か忘れてないかしら？」

そ、そうだ。美味しそうですねって言わなくちゃ。

「美味しそう！　い、いただきます」

「そう、いい感じですよ、その調子！」

うわー、このカボチャのムース絶品。お腹が空いてたから、するする入っちゃう。

「ガン子さん、美味しそうにいただくという点では１００点ですが、食事に集中しすぎ。初デートなんですから、集中すべきは食事より会話です」

「はあ……お腹が空いちゃって、ついついがっついちゃいました」

「しゃべってはダメよ、口の中に食べ物が入っているときは。口の中が丸見えです」

## 上品に振る舞っているもりだったのに……どこがどういけないの!?

前菜からこれじゃあ、先が思いやられる……。いよいよメインのお肉料理が出てきた。ひと口大に切るんだったな。

「ガン子さん、カトラリーを使うときは、もっと脇を締めて！」

「へ!?　脇？」

「パンくずも飛び散ってるわ」

「で、でも、飛び散っちゃうんです」

「……3大ブス用語の〝でも〟を使いましたね、ガン子さん。このままのテーブルマナーでは、男性から2回目のお誘いは望めません。もう時間もないことですし、〝でも〟は封印して、**ひたすらマシンのように私のマネをしてくださいね**」

自分では上品にしてるつもりだったんだけど……。一体、どこがいけないの!?

あさみ先生の解説

# デートは最初の6時間が勝負 だから食事での失敗は許されない！

「ナイフやフォークは外側から使う」「ナプキンを広げるタイミングは、ドリンクやお水を持ってきてくれたときまでに」といった、基本的なテーブルマナーは皆さん知識としてご存知だと思いますので、ここでは「もともと育ちのいい女性に見える」食事の作法のあれこれをご紹介していきます。

まずは、心構えから。

皆さんは「6時間ルール」というのをご存知ですか？

人は出会ってから6時間のあいだに、相手に対する一定の評価を固定化してしまう習性があります。

そのため、出会ってから2、3回目のデートで「ステキだな」「いいコだな」と相手に好印象を植えつけることができれば、そのあと少しガサツな行動をとってしまったとしても、最初の「ステキ」「いいコ」というイメージが定着しているため、大きくゲンメツしてしまうことがないのです。だからこそ、最初のデートでは見た目から立ち居振る舞い、話し方、食事の仕方まで、完璧な状態で臨まなければなりません。

特に、1、2回目のデートは食事に行くことが多いと思いますので、テーブルマナーが今後のお付き合いの成否を握ることになります。これまでの努力をムダにしないためにも、上品なテーブルマナーのコツをつかんで、魔の6時間を乗り切りましょう。

## 食事で好印象を与えられるのは「会話」に集中できる女性

食事中に完璧に振る舞い、魔の6時間を乗り切るには、「料理」より「会話」に集中することが大切です。

そのためには、デート前に何か軽くつまんでおき、空腹状態で食事に臨むのを避けること。お腹が空いていると、つい料理ばかりに集中してしまい、慌ててポロポロこぼしたり、無言で食べることに専念してしまったりして、印象がよくありません。相手の男性から「食べ方が汚い」「話すより食べることに気が向いているな。一食浮かせるために来ただけ?」と思われてしまいます。

スマートフォンをテーブルの上に出しっぱなしにしたり、写真を撮ったりするのも厳禁。「スマホばかり気にしていて、2人の時間を大切にしていない」「インスタ映えのために来た!?」と思われたらアウトです。集中すべきは、目の前の相手。デート本来の目的を見失うことなく、美しいテーブルマナーでしっかり会話を楽しみましょう。

## 食事中は3つの「音」に細心の注意を払う

音を立てないことが、上品な立ち居振る舞いの基本であることは第1章でお話ししました。食事というのは、生活のあらゆるシーンの中で、最も音が立ちやすい場面。特に次の3つの音については、細心の注意を払って、可能な限り無音を心がけましょう。

### ①咀嚼《そしゃく》音

美しくナイフやフォークを使えていても、クチャクチャという噛み砕く音が大きいと、「下品」というイメージがついてしまいます。

これは、口を開けながら食べるクセがついているから。誰でも食べるときは咀嚼音がするものですが、きちんと口を閉じていればそれほど音は漏れません。きちんと口を閉じ、鼻呼吸しながら咀嚼するようにしましょう。

### ②すする音

スープをズルズル音を立ててすするのも、言うまでもなくマナー違反。スープは「すする」のではなく、スプーンから静かに「流し込む」ようにして召し上がって下さい。

### ③食器の音

ナイフやフォークでかちゃかちゃと音を立てたり、コーヒーカップをがちゃんと置いたりするのも、乱暴な印象を与えてしまいます。普段から、質のいい食器を使い、傷ついたり、割れたりしないよう、音を立てずに扱う習慣を身につけておくといいですね。

## ナイフとフォークは「肘」がポイント

ガン子さんもそうでしたが、ナイフやフォークなどのカトラリーを使い慣れていない人は、つい脇を開けて肘を張ってしまいがちです。肘を張ると動作が必要以上に大きくなり、品がない印象になります。

ドラマや映画の所作を担当するマナー講師の先生は、洋食に慣れていない人物という設定の場合には、肘を張ってカトラリーを使うよう役者さんに指導されるそうです。背筋を伸ばして肩甲骨を引き寄せると、自然に両脇が締まり、美しい所作でカトラリーを使うことができます。

## スマートに見せるナプキンの扱い方

「口はナプキンで、手はおしぼりで拭く」と知ってはいても、うっかりナプキンを落としたり、お化粧室に立つときナプキンをどこに置くか迷ったり、ナプキンの扱いに困る場面は意外と多いもの。そういう場面でスマートに振る舞えば、「所作が上品♡」と好印象につながります。シーンごとのナプキンの扱い方を押さえておきましょう。

・広げるとき
二つ折りにして、折り目を自分の方に向けてふとももの上に置く。

・口元や手を拭くとき
ナプキンの「内側の端」を使うと、汚れた部分が隠れるので上品。

**・途中で席を立つとき**

食事中に席を立つときは椅子の上にポンと置く。

**・食事が終わったとき**

食事が終わったら、そっとテーブルの上に置く。きちんとたたみすぎると、「料理が美味しくなかった」というメッセージになってしまうので要注意。

## パンくずが飛び散らないちぎり方

パンもひと口大にちぎって食べるのがマナー。くれぐれも、直接かぶりついたりしないようにしましょう。さらに気をつけたいのが、パンのちぎり方です。盛大にパンくずを飛び散らせてしまうと、ガサツ度が急上昇してしまいます。キレイに食べるには、パンの「一点」をお皿につけてちぎること。そうすると、パンくずが飛び散りません。

# トイレに行きたくなったとき 上品に中座するには

コース料理を楽しんでいる途中でお化粧室に立つのは、基本的にお行儀が悪いこととされています。そのため、入店する前に、トイレは済ませておくのが理想です。ただ、そうはいっても、行きたくなってしまったら仕方ないですし、ひと通り食事をしたらメイクもチェックしたいですよね。

その場合、**「オーダー前」「お料理がテーブル上にあるとき」は、席を中座するのは避けましょう。**トイレから戻るまでオーダーが決められず相手を待たせてしまいますし、せっかくのお料理も冷めてしまうからです。行くなら、食事がいち段落した「デザート前後」や「お会計前」が正解です。

その際、恥ずかしいからと「ちょっと……」などとあいまいな態度で席を立つと、「具合悪いのかな？」「楽しくないのか」

と思われてしまいます。**「ちょっとお化粧室に行って参ります」と、ひと声かけるようにしてください。**「トイレ」「お手洗い」より「お化粧室」という美しい言葉を使えば、「上品な言葉遣いだな。さすが♡」と好印象です。

## デザートは最後に○○○○を残す

意外にキレイに食べるのが難しいのが最後のデザートです。数種類のデザートが出てきたときは、薄い味のものからいただきましょう。

その理由は、濃い味のものを先にいただくと、味がわからなくなってしまうから。たとえば、メロンとチョコレートケーキが出てきたら、メロン→チョコレートケーキの順番です。

ただし、アイスクリームなど溶けるものがある場合には、先に食べるようにします。冷たいものは冷たいうちに、がマナーですし、そのほうがお皿も汚れません。

ショートケーキなどフルーツの載っているものは、そのフルーツがある所まできたら食べるようにすると、最後まで目でも楽しみながら美しく上品にいただけます。

## 品よく見えるお砂糖の入れ方

コーヒーや紅茶に砂糖を入れるときも、油断は禁物です。角砂糖はポトンと落とすと飛び散ってしまうので、スプーンに載せて沈めるようにするとエレガントです。

また、カップの持ち手が左側にある場合は、右手でくるっと外側から180度まわし、右側に持ってくるようにしましょう。

## テーブルマナーが気になりすぎて会話に集中できないし話すタイミングもつかめません

## 「食べる」「話す」を相手のペースに合わせると緊張が解け、会話が弾みます

これは、講座の生徒さんたちにも共通のお悩みです。

「デートで格式の高いレストランに連れて行ってもらえるようになったけれど、テーブルマナーに自信がないので緊張してしまい、会話に集中できません」

「食べながら話してはダメと思うと、結局いつ話せばいいのかわからなくなって、無言でうなずくだけになってしまいます」

テーブルマナーを気にせず、楽しくおしゃべりを楽しむには、どうしても場数を踏むことが必要になってきます。

ただ、ガン子さんのように「明日がデートなのだから、場数を踏んでいるヒマはない！　すぐに会話に集中できる方法を教えてほしい」という方もいらっしゃるはずです。

楽しく会話を弾ませるには、相手をよく観察することです。そして、**「相手が話し始めたら、食べるのをやめて一緒に会話を楽しむ」「相手が食べ始めたら、自分も食べ始める」**と、相手のペースに合わせてみましょう。

あなたがお料理をいただいているときは、相手もお料理に集中していますので、「テーブルマナーをじっと相手に見られている」という心配がなくなることから次第に緊張がほぐれ、話に集中できるようになっていきます。

緊張していると、「今の食べ方、おかしくなかったかな」などと、自分の一挙手一投足ばかりに関心が向きがちです。しかし、デートでの食事は、相手あってのもの。相手に関心を向けるよう強く意識してみてくださいね。

# 第7章

大切に扱われない、いじめられる、いじられる……

# 人間関係の悩みは「ホンモノの自信」を持つだけで簡単に解決できるの

～変えるのは「マインド」ではなく「行動」です～

# 品格のある女性は自信が9割です

デートも成功して、人生で初めて理想の男性から「好きです。正式にお付き合いして下さい」って告白された！　私に歩道側を歩かせてくれるし、ドアも開けてくれる。会計のとき「お財布がない」と言いだしたりもしない。大切に扱われるって、こんなにうれしいものだったんだ。

そろそろ私、あさみ先生の講座を卒業、かな？

「そうですね、ガン子さん。オーラがとても明るく上品になりました。最初にお会いしたときのどんよりしたネガティブオーラがウソのようです」

「私、そんなにヒドかったですか」

「ええ（笑）。あともう1歩のところまできましたね。ただ、正真正銘の品格あるオーラを身につけるには、もう少しだけ自分に自信を持つ必要があるんです」

ドキッ。それって、私が一番苦手なヤツですね……。

## ホンモノの自信ってどうやったら身につくの？

「そんなにイヤな顔をしないでください、ガン子さん。女性は自信が９割！　自分に自信が持てれば、何もしなくてもオーラが自ずと輝き出します。**じつは自信には３種類あって、見た目や話し方を変えると周りから褒められることが増えて自信がつきますが、それだけだとまだ〝ホンモノの自信〟とは言えないんです**」

「えー!!　あさみ先生、メンタルを変えなくても見た目を変えればオーラが身につくって言ったじゃないですか!!」

「ガン子さん、落ち着いてくださいな。**変えるのは〝メンタル〟じゃなくて〝行動〟です。**元スーパーネガティブで、あらゆる〝自分に自信が持てる方法〟を試し尽くしてきた私が、すぐ真似できてその場で効果が表れる方法をお教えします！」

# 「3つの自信」を身につければホンモノの自信が手に入る！

自信には、次の3種類があります。

①「できる」の自信
②「ありのままの自分でいい」の自信
③「愛される」の自信

この3つすべてを身につけて初めて「ホンモノの自信」が生まれます。

たとえば、ガン子さんのように、見た目や話し方を変えていくと、周囲から褒められることが増え、「私、もしかしてステキ女子？」とだんだん自信がついてきます。

この自信は、

①「できる」の自信

です。

## ③「愛される」の自信

メイクやファッションを品格あるものに変えるという行動に出たことで、それが評価されるという成功体験を得て、「私も上品な女性に変われる」＝「できる」という自信をつけることができました。

また、周りに褒められることが増え、「周囲から評価される」＝「愛される」という自信を持つこともできたのです。

ただ、見た目を変えただけでは、②「ありのままの自分でいい」の自信を、なかなか持つことはできません。**「そのままの自分で大丈夫」と思えるには、他人からの評価ではなく、自分で自分に「私ってステキなの♡」とGOサインを出すこと**が必要になるからです。

でも、これはもともとネガティブな性質を持つ女性には、とても難しいこと。たとえば、いくらガン子さんがガサツ女子を卒業し、上品なステキ女子に変身したとしても、失礼ながら上には上がいらっしゃいますし、ときには男性からフラれることだってあるでしょう。

こうした苦しい状況に置かれたとき、②「ありのままの自分でいい」の自信が欠けていると「私はなんでダメなんだろう」とイライラしたり、「やっぱり私なんかが何をしたってダメなんだ」と落ち込んだりして、行動することをやめてしまいます。

しかし、「私は私」と思える自信のある女性は、「どうにかなる」「今回の男性とは上手くいかなかったけど、次は頑張るぞ」と、行動することをやめません。だから、いつかは成功して①「できる」の自信がつき、その結果②「ありのままの自分でいい」の自信も、③「愛される」の自信も大きく育てることができるのです。

## 「ありのままの自分でいい」と思えるようになる、簡単すぎる方法とは？

「ありのままの自分でいい」の自信をつけるために、私の講座では、生徒さん同士による「褒め合いワーク」を取り入れています。お互いに5ついいところを言い合うのですが、最初は「すみません……何をどうホメていいのかわからないし、私なんか褒められるところなんかありません」としり込みしていた方が、周りから褒められることで「ありのままの自分でいいんだ」とどんどん自信をつけ、目に見えてオーラが輝きを増していく様子は、本当に皆さんにご覧いただきたいほどです！

ただ、残念ながら褒め合いワークは一人ではできないので、代わりにおすすめしたいのが、私が実践してきてもっとも効果的だった「褒めノート」をつけることです。**自分で自分を褒められるところを探して記録していくことで、「ダメだダメだと思っていたけれど、意外にいいところもある！」と自分を肯定できるようになります。**

## 「褒めノート」のつけ方

・ノートを用意する
・一日を振り返り、「自分のいい所、できたこと」を5つ書き出す
たとえば……「早起きができた」
「会社に遅刻しなかった」

「○○さんにネイルがキレイだと褒められた」
「自分にも話したいことがあったけれど聞き役に回れた」
「人の悪口を言わなかった」

こうして褒めノートをつけていくと

自分を好きになり、自信が持てる
↓
「これがやりたい」と夢や希望が見えてくる
↓
失敗を恐れずチャレンジできるようになる

という効果が得られます。
寝る前のわずか3分間、「褒めノート」をつけるだけ。簡単な方法ですが、品格あるオーラを身につけるには、もっとも効果的な方法です。204ページからは相手を褒めてコミュニケーションを円滑にする方法もご紹介しますが、**褒めノートをつけているると、褒め方のバリエーションやボキャブラリーも増やすことができるので、ぜひ毎日の習慣にしてみてくださいね。**

ガン子のギモン

**自信の大切さはわかったけれど……**
**自信を持ったばっかりに**
**上から目線と思われたらどうしましょう？**

**天狗になるのは思いやりがないから。**
**周囲への感謝を一日一つ書き出して**
**思いやりの気持ちを育てて**

ガン子さん、よくそれだけたくさんの心配事が思いつきますね（笑）。でも、私もかつてはネガティブなガサツ女子でしたから、そのご心配、よくわかります。「大したことないくせに、妙な自信を持った勘違い女子」と思われるのがイヤなのですね。「自分に自信のある品格ある女性」と「天狗になった上から目線の女性」。両者を分けるのは、「思いやり」の気持ちです。

ただ、いきなり「思いやりを持て」と言われても、なかなか難しいもの。思いやりとは、相手の身になって想像し、心を配ることです。**こうした思いやりの心を育てるには、相手への「感謝」の気持ちを持つのがもっとも効果的です。**

実際のところ、人間は絶対に一人では生きていけません。職場でもチームでそれぞれが自分の役割をこなしているからこそ仕事が成立していますし、私のように独立している場合でも、講座に集まってくださる生徒さんや、困ったときに助けて下さる周りの方々のおかげで毎日楽しく仕事をすることができています。

ちなみにＣＡはそれぞれ周りの方々に常に感謝して乗務しています。「数ある航空会社の中で、当社を選んでいただきありがとうございます」「ミスをカバーしてくれて助かりました」という感謝の気持ちがあるからこそ、お客さまのことを真剣に考えることができたり、別のクルーのミスを今度は自分がカバーしたりといったことが、自然にできるようになります。

「自分には関係ないから」と困っているお客さまを放置したり、ミスを見て見ぬふりをしたり、といった傲慢な態度に出ることがないのは、感謝の気持ちが根底にあるからなのです。

感謝の気持ちを持つには、「感謝ノート」をつけるのが早道です。

「えっ⁉　褒めノートだけで手いっぱいです！」というガン子さんの声が聞こえてきそうですが、朝起きた時に「感謝できること」を一つだけ書き出すやり方でかまいません。もちろん、専用ノートを作って、たくさん書き出してもＯＫです。

**自分が一人で生きているのではないということに気づき、自ずと謙虚な気持ちになって、同僚や恋人、家族など、自分に関わるすべての人への感謝が生まれてきます。**

感謝できることなんて見つかるかな……という人のために、ヒントをご紹介しますので参考にしてみてくださいね。

## 「感謝ノート」のつけ方

感謝できる内容を書き（一つでもＯＫ）、最後に「ありがとうございました」と書いていきましょう

### ・人間関係に関すること

「職場の人全員が、笑顔であいさつしてくれた」

「彼が最後まで私の話を聞いてくれた」

**・仕事に関すること**

「今日もいつも通り仕事ができた」

「上司が資料作りのミスを指摘してくれて、大ごとにならなかった」

「後輩が手伝ってくれたおかげで、目標時間通りに仕事を終わらせることができた」

**・趣味や楽しみに関すること**

「料理教室の先生のおかげで、魚をさばけるようになった」

「マッサージで癒された」

**・自分の成長や変化に関わること**

「この前ミスした仕事が、今度は上手くいった」

「美容師さんからのアドバイスのおかげで、似合う髪型が見つかった」

**・衣食住や健康に関すること**

「今日も健康で一日過ごせた」

「友だちが連れて行ってくれたレストランの食事がおいしかった」

# 選ばれる女性はコミュニケーションのツボを知っています

褒めノートを1カ月続けてみたら、あさみ先生の言う「ホンモノの自信」がついてきたみたい。前はホメられても「自分は美しい、価値のある女性だ」なんて恥ずかしくて思えなかったけど、最近は抵抗を感じなくなってきた。彼にホメられても「ありがとう♡」って素直に言える自分がウソみたい。

そして私……ついに転職したんです！　憧れてた料理研究家さんのアシスタント募集に応募してみたら、就活でも連戦連敗だった私が20代の応募者を蹴散らし、見事に合格できました。

お給料はちょっと安いけど、先生の元アシスタントさんがやっているケータリングのお店でも働かせてもらえるようになったから、じゅうぶん暮らしていける。それに、ケータリングの仕事って面白そう。将来は、自分で独立してケータリングの会社をやるのも悪くない。

## 本当にやりたい仕事が見つかった！　でも、また人間関係が上手くいかなかったらどうしよう

これまでは「ハケンＯＬくらいが自分にはふさわしい」って思ってたけど、「自分がワクワクできる仕事がしたい！　本当に私のやりたいことってなんだろう」と考えたら、昔からお母さんのお手伝いが好きだったなーと思い出して。ひとり暮らしだけど自炊も全然苦にならなくて、むしろいろいろ工夫するのが大好き。高級レストランにはなかなか行く機会がなかったけど、これからはいろいろ食べ歩こう！　ただ、あさみ先生に教えてもらった上品な見た目と話し方で第一印象はよくなったけど、職場の人間関係がちょっと……イヤ、だいぶ不安。あさみ先生に転職の報告がてら、人間関係がスムーズになるコミュニケーション術を教えてもらおう！

# 5つのポイントをマスターすれば コミュニケーションは上手くいく

ガン子さん、良かったですね！　見た目も内面も美しく上品に変身したガン子さんの姿を見たら、涙腺が崩壊寸前です。

ただ、これまで職場でイジられたり、いじめられたりされてきた経験があるだけに、人間関係に臆病になっているんですね。でも、コミュニケーションの5つのツボを押さえれば、人間関係でトラブルが起きる確率はグンと減ります。

初対面の相手でも、恋人でも、毎日顔を合わせる家族や職場の人たちでも、昔から付き合いのある友だちでも、どんな関係の相手にも好印象を持たれ、大切に扱われ、一目置かれるのに有効なコミュニケーション法なので、日常生活の中に取り入れてみてください。

## 大切に扱われるコミュニケーションのポイント①
## 「あいさつ」と「褒め」はセット

婚活パーティーや面接での第一印象を良くしたい、上司や恋人に自分の意見を聞いてほしい、職場で一目置かれたい、周囲から大切に扱われたいと思ったら、

「あいさつ」
＋
「相手を1つ褒める」

この2つをセットで行うことが、基本中の基本です。急に褒めたら「どうしたの⁉」といぶかしがられるかもしれませんが、あいさつとセットなら、相手もすんなり受け入れやすくなります。たとえばこんな感じです。

「おはようございます。わぁ〜先輩、その巻き髪ステキですね」

「ごぶさたしております。〇〇さん、久しぶりにお会いしましたけど、まったく変わっておられませんね。驚きました！」
「こんにちは、◎◎さん。そのネクタイ、センスがいいですね。さすがです♥」

褒めるという行為は、「私はあなたの味方です」「私はあなたに興味があります」という意思表示です。自分に関心を持ってくれる人を、粗雑に扱う人はいないことから、確実に次のような効果が得られます。

・相手が好感や親近感を抱いてくれる
・相手との距離が縮まり、あなたに心を開いてくれる
・あなたの意見に耳を傾け、尊重してくれる
・相手があなたに協力してくれるようになる
・褒め返してくれることが増えて自分に自信がつく

褒め方のコツは「具体的に」褒めること。たとえばこんな感じです。

× △△さんって、ステキですね。
○ △△さん、ラベンダー色のカーディガン、よくお似合いですね。ステキです。

「どう褒めたらいいかわからない」と悩む人は多いのですが、そういう方はたいてい褒めるという行為を大げさにとらえています。身につけている小物、服の色やデザイン、髪型、顔のパーツ、口にする言葉、日々の行動etc……日常の小さなこと、誰も気づかないようなささいなことでいいのです。無理におだてるようなウソは相手にバレるのでやめましょう。肩の力を抜いて相手をよく観察し、自分が「ステキだな」「いいな」と思ったところを、相手に伝えるつもりで素直に表現してみてください。褒めるのが苦手な人が多いということは、「あいさつ」+「相手を褒める」という行為を実践している人が少ないということの裏返しでもあります。だからこそ、褒めることができる人は、「自分のささいな変化にちゃんと気づいてくれている」と、相手にとって特別な存在になることができるのです。

## 大切に扱われるコミュニケーションのポイント②
## 人のいいところだけを見て話す

「嫌味ばかり言ってくる上司と話すのがイヤ」「不機嫌をまき散らす先輩との接触はできる限り避けたい」と感じながら接していると、そのネガティブな感情は必ず相手に伝わってしまいます。

笑いながら泣くのが難しいように、相手を嫌う気持ちを完全に隠しながら、好印象を与える振る舞いをすることは、一流の女優さんでもない限りなかなかできません。

自分が嫌うと、例外なく相手も自分を嫌ってきますから、毎日会う会社の上司や同僚だと、人間関係にも仕事にも悪影響が出てしまいます。恋人に対しても、欠点を指摘してばかりいれば、嫌われてしまっても仕方ありません。

やさしくされたいなら、自分から先にやさしくすることを心がけましょう。そのためには、**どんなにイヤな相手と接するときも、その人の「いいところだけを見て話す」こと**を徹底してください。

そのために有効な方法が、先ほど紹介した「あいさつ」＋「相手を褒める」です。

相手を褒めるポイントを探していくと、自ずと人の「いいところ」に目がいくようになります。

　講座で「褒め合いワーク」をやっていることは前述しましたが、これはCA時代の経験をもとに考えついたものなんです。CAは、クルー全員で一つのチームとして安全で快適なフライトをつくりあげるため、「1日5人は褒めること」をミッションとしているCAも少なくありませんでした。クルーの中には厳しい先輩や対応が難しい後輩も含まれていますが、好き嫌いを理由にチームワークが乱れ、お客さまの安全確保に支障が出る事態は絶対に避けなければいけないからです。

　ただし、これは口で言うほど簡単なことではありません。いいところを見よう、見ようと努力しても、嫌味を言われたり、厳しく叱られたりしたときの記憶がよみがえり、「この人と話したくない」という気持ちになってしまうこともあるでしょう。その結果、コミュニケーションを取るのを避け、余計に相手をイラつかせるという悪循環に陥りがちです。

　もともとスーパーネガティブだった私も、どんなに褒めようが厳しい先輩への苦手意識が消えず、「飛行機から飛び降りたい」と思ったことも一度や二度ではありませんでした。しかし、機内では逃げ場がないので、自分で解決していくしかありません。

そこで、解決策を求めてさまざまな本を読み漁り、**イヤなことがあってもその記憶を毎回リセットする「忘れるトレーニング」を実践する**ようになりました。

・イヤな記憶は、積極的に忘れようと意識する
・寝る前に、イヤなことを思い出さないようにする
・イヤな記憶は、「一秒でも過ぎたら忘れる」というサイクルを作る

ネガティブな人は、イヤなことを繰り返し思い出す→相手へのイヤなイメージが増幅される→人間関係が悪くなる→自信を失う、という負のサイクルを自ら作り出してしまいがちです。

「忘れよう」「まっさらな先入観のない気持ちで相手と接しよう」と意識するだけで、人間関係は劇的に改善するので、ぜひ試してみてください。

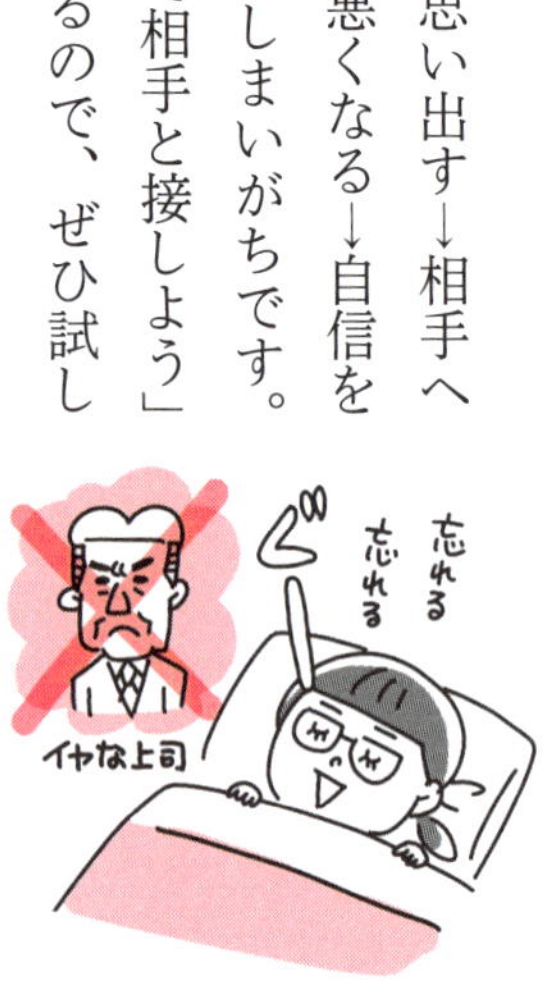

## 大切に扱われるコミュニケーションのポイント③
## 悪口やネガティブなことは絶対に口にしない

ＣＡ時代もマナー講師として独立してからも、品格あるオーラを放つ一流の女性には共通点があると感じていました。

それは、人の悪口やネガティブなことを絶対に言わないことです。

上司に厳しくミスを指摘されてムカムカしたり、自分のことばかり話してこちらに話を振ってくれない彼にイライラしたり。こんなとき、目の前の相手に怒りをぶつけたくなったり、あとから「聞いて！」と友だちに悪口やグチを言いたくなったりしてしまいますよね。

悪口やネガティブな考えを口にしたくなったら、すぐに言葉にしたり、メールを書いたりするのはやめましょう。カッとなって送ったメールほど、あとから後悔するものはありません。そもそも怒りや不満などの感情をダイレクトにぶつけるのは、上品な女性のすることではないのです。

１分ほど心が静まるのを待ち、「なぜ上司はあんなこと言ったのだろう」「彼はどうして話を聞いてくれなかったのかな」と、相手の身になって考えてみてください。

イライラで沸騰した頭がクールダウンしてくると、「あの上司の言い方はいつものこと。他意はない」「彼も仕事が大変で話を聞いてほしかったのかも」と、客観的に事態を捉え、相手を思いやるコミュニケーションができるようになるのです。

たとえば、ミスを注意した上司に怒りをそのままぶつけてしまうと「普段滅多にミスしませんし、そんなに厳しく注意される筋合いはありません」と、ケンカ腰になってしまいます。

しかし、**時間を置いて冷静になると「ご指摘ありがとうございます。以後、気をつけます」と注意してくれた相手への感謝の言葉が出てくるようになる**のです。

ついイラッとしてしまう相手にも感謝や思いやりを忘れないようにしたいですね。

## 大切に扱われるコミュニケーションのポイント④
## 苦手な人ほどVIP対応で臨む

苦手な人、不愉快な人ほどコミュニケーションを取るのを避けてしまうのが、人間のサガ。しかし、それでは余計に関係を悪化させてしまいます。

ＣＡ時代の私は、厳しい先輩とご一緒するときほど、積極的にコミュニケーションを取るように意識していました。

先輩の姿を目にしたら、すぐさまごあいさつに伺い、「ご一緒できてうれしいです。先輩に少しでも近づきたいと思っておりますので、ご指導よろしくお願い致します」「今日の口紅の色、とてもキレイですね。どちらで購入されたのですか？」と誉め言葉で相手を立てます。仕事中も同様です。目の端で常に先輩の姿をとらえ、「言われる前に行動」を徹底します。

こうした振る舞いを、「ごますり」と感じるでしょうか？

先輩の姿を見かけたのにすぐごあいさつに伺わなければ、３泊４日のフライトが地獄と化すのは目に見えています。最初に「できないＣＡ」と烙印を押されてしまったら、逐一仕事の中身をチェックされ、ダメ出しされるという負のスパイラルに陥ってしまうのです。こうなってしまったときの仕事のしにくさといったら、それはもう悲惨です。

## 自分が仕事のしやすい環境を作るには、「この子はデキる」「こちらに敵意

**がなく好感が持てる」と思っていただく必要があります。**だからこそ、苦手な人ほどＶＩＰを扱うように、ていねいに慎重に接してください。

苦手な人とコミュニケーションを取るときのポイントは、人格と仕事のスキルを分けて考えることです。

「あの先輩は厳しいときもあるけれど、クレーム対応のスキルが素晴らしい」と、いいところに目を向けるようにすると、相手を尊敬でき、自分にはないものを学ぶことができます。

本心でないことを口にして、単なる太鼓持ちにならないよう注意してくださいね。

## 大切に扱われるコミュニケーションのポイント⑤
## 心と体のメンテナンスを怠らない

いつでも思いやりをもった品格ある女性として、人に接するには、常に心と体をベストコンディションにしておくことが欠かせません。

人のいいところを見よう、悪口は言わないようにしようと思っても、どうしてもネガティブな感情が消えず、気持ちが深く落ち込んでしまうことは誰にでもあると思います。

そんなときは、趣味や旅行など、自分の好きなことをして思いきりリフレッシュするのがおすすめです。思い切って、仕事を休んでもいいと思います。私は美味しいものを食べたり、マラソンの練習をしたりして、**好きなことに集中すると、ネガティブなことを考える隙がなくなります。**こうして気持ちをリセットして日常に戻ってくると、見える光景は、以前とは違ったものになっているはずです。「なんであんなに怒っていたんだろう」「こうすれば良かったのかもしれない」と、狭くなっていた視野がグッと広がり、これまでは気づかなかった解決法やアイデアが浮かんでくることもあります。

では、体のメンテナンスはどうでしょうか。楽しく前向きに仕事や恋愛を楽しむには、健康であることは欠かせない要素です。

**体がベストコンディションのときとそうでないときでは、仕事のパフォーマンスに4倍もの差が生まれる**といわれています。エレガントな女性ほど、体のケアを欠かさないのには、こうした理由があるのです。

ガン子のギモン

**コミュニケーションも大事だけど、結局は仕事ができたり見た目がキレイな人がトクするんでしょ？**

**最終的に認められるのは、「お先にどうぞ」と勝ちを相手に譲れる女性です。**

仕事ができても美人でも、上には上がいるのが世の常です。元ミスユニバース日本代表の方にお話を伺ったときも、「ワールドクラスの美女集団の中にいると、もう少しお腹が凹んでいたら……と欠点に目がいくようになってしまうんです。だからこそ、私は誰より笑顔がステキ、と自分のいいところを見るようにしています」とおっしゃっていました。

日本を代表する美女でさえ自信を失うことがあるのですから、やはり見た目や仕事のスキルだけで世の中を渡っていくことは、私たち普通の人間には難しいことなのです。

それに気づいている人は、見た目とともにコミュニケーションの力も磨きあげ、人を思いやれる品格を身につけ、ステキな男性から選ばれたり、重要な役職を任されたりしています。

最終的に選ばれ、認められるのは、「勝ちを相手に譲れる女性」です。たとえば、次のような振る舞いができる女性が、誰からも「さすが」と高い評価を得られます。

・彼が連れて来てくれたレストランが以前来たことのあるところだったとしても「こんなにステキなお店初めてです」と相手を立てる
・自分が話したいことがあってもグッとこらえて、相手が話したいこと、話題にしたいことを中心に会話を進める
・エレベーターや出入り口の扉などでは「お先にどうぞ」と相手に譲る

品格ある女性は、「相手が喜ぶ顔が見たい」という思いを持っていますから、自分を下に置き、相手を立てることができます。自分に自信があるからこそ、声高に「自分は実力がある」「物を知っている」と騒ぎ立てることはしません。

**気品は、さり気なく相手に伝わるもの。多くを主張せずとも、立ち居振る舞いや仕事の実績、服装などから、その人の品位や実力は伝わります。**男性もバカではありませんから、女性が「能ある鷹は爪を隠す」を実践していることを感じ取り、自分を立ててくれたことに感謝しているのです。

「勝ちを相手に譲ることを覚えて、人生が変わりました」というのが、講座の生徒さんであるユミさん（28歳）です。就活で苦戦し、ようやく採用してくれた会社のために一生懸命仕事をしていたのですが、周りはまったく彼女を顧みてくれません。仕事を頑張れば頑張るほど、職場で仲間外れにされたり、上司からは適当な仕事しか与えられなかったりしていたといいます。

「そんなとき、先生の講座で『勝ちを相手に譲りましょう』と言われたのは、本当に目からウロコでした。仕事で結果を出して自分が勝つことが、会社のためになると思っていたんです。でも、まったく逆効果だったんですね。
今思えば、自分が自分がと前に出すぎて、周囲から疎まれていたんでしょう（笑）。今は、自分の手柄ではなく、チームや上司の手柄になればいいと思って仕事をするようになりました。そうしたら、上司からも重要な仕事を任せてもらえるようになり、同僚とも積極的にコミュニケーションを取ることで、仕事で協力し合えるようになりました。以前の私なら同僚とテレビの話をするなんて時間のムダだと切り捨てていましたが、そのことで相手が楽しんでくれるなら、喜んで話そうと思えるようになったんです」

人が喜ぶことを自分の楽しみにできるかどうか。それが、品格ある女性になれるか否かの鍵を握っています。今日からさっそく「お先にどうぞ」を実践してみませんか？

# おわりに

「変われない女性は、一人もいない」

それが、普通の女性より、かなりマイナスの状態からスタートした私の、現在の気持ちです。本書で紹介した品格を身につけるためのノウハウは、すべて私自身が実践してきたことであり、そのおかげで人生を180度良い方向に変えることができました。実際、私が変わったことで、次のような変化が周囲や自分自身に起こるようになりました。

・自分が大好きになった。
・悩みが何もなくなった。
・周りのみんなが優しくていねいに扱ってくれるようになった。
・理想の彼氏ができた。

・今まで出会うことがなかったようなすごい人と出会えるようになった。
・人をねたまなくなった。
・人に優しくできるようになった。

もし、本書に書いてある内容が身についていなかったら、ＣＡにもなれておらず、まったく違う人生を歩んでいたことでしょう。

最初は実践するのを恥ずかしく思ったり、「どうせムダだから」と諦めたくなったり。ときには、サボってしまう自分を責めてしまうこともあるでしょう。しかし、そこを乗り越えることで、自分が想像していた以上の素晴らしい人生が待っています。

身につけた品格や美しい立ち居振る舞いは、一生の財産になるのです。


ここまで来るのに、さまざまなことがありましたが、今となっては今までの経験は全て貴重な財産となっています。

なかなかＣＡになれず悩んでいた私をそっと支えてくださっていた皆さま、ＣＡになってからたくさんのことを教えてくださった先輩、同期、後輩の皆さまには本当に頭が上がりません。

最後になりましたが、本を出版したいとずっと願っていた私の夢を叶え、編集を担当していただきました佐藤友香さん。

また、今まで受講してついてきてくださった生徒さん、困ったときに助けてくださった人生の先輩方。皆さまの日々一緒に励まし合える仲間や家族の支えがあったからこそ、ここまで成長してこられたと思っております。

この場をお借りして、心より感謝申し上げます。

また最後までお付き合いいただきました皆さま、誠にありがとうございます。

今後も、昔の私のように自分に自信がなく、毎日が楽しくないと感じられている女性が、もっともっと自分を好きになり、より素敵な人生を歩んでいただける女性を増やしていけるよう努力していきたいと思っています。

本書には、私がCAを目指しはじめてから現在まで、15年間の失敗や経験、研究の成果がぎっしりと詰まっています。この経験が一人でも多くの女性のお力になれれば幸いです。

2018年9月

森下あさみ

森下あさみ

北海道出身。

一流のサービスを学ぶため、リッツカールトンホテルにて勤務。

その後、国内系客室乗務員として5年従事した後、独立。

毎週マナー講座を行うが、開催後すぐに満席が続く。学生時代から男性に雑な扱いをされ、「大切に扱われたい！」「理想の男性とお付き合いができるようになりたい！」という強い想いから、CA を目指す。学生時代から勉強が全くできなく CA になるまで 4 年とかなり苦戦したが、自分を磨くことで、今では自分が想像もしていなかった人生を実現することができた。「女性は、どんな人も正しく努力すれば、CA のような上品な女性になることができる」と、自身の経験からオリジナルの講座を主催したところ、年間で 300 名以上の受講生を迎える程人気となる。

初心者のための、「120 分で誰でも CA のような品のある女性になれる講座」は毎回満席で、継続講座も大好評。

また、「マナーインストラクター養成講座」を設立し、後進の育成も行う。「女性が輝くことが周りに幸せを与え、社会が変わる」という言葉を胸に、より輝く女性を増やすために活動中。

じゃらんニュースをはじめ、メディア出演掲載実績も多数。

HP：https://1day.asami-morishita.com/
blog : https://ameblo.jp/kokoro-webdesign/
Facebook: https://www.facebook.com/ri.kira1
Instagram：https://www.instagram.com/asami_morishitaa/?hl=ja
LINE@：@pha7036q

**フツウの私を 120 分で品格《オーラ》のある女性にして下さい！**

2018 年 10 月 1 日　第 1 版　第 1 刷発行

著　者　森下あさみ
発行者　玉越直人
発行所　WAVE 出版
〒 102-0074　東京都千代田区九段南 3-9-12
TEL 03-3261-3713 FAX 03-3261-3823
振替 00100-7-366376
E-mail: info@wave-publishers.co.jp
http://www.wave-publishers.co.jp
印刷・製本　シナノ・パブリッシングプレス

NDC159　223p　19cm　ISBN978-4-86621-169-5